ひろしまのすごい社長たち

南々社編集部 編著

南々社

ひろしまのすごい社長たち

南々社

まえがき

キラリと光る、パワーあるトップたちの熱き物語

本書『ひろしまのすごい社長たち』の編集に携わり、私自身、本当に驚きました。掲載している企業はいずれも広島の企業ですが、広島に素晴らしい会社がこんなにもあったのか。それを作り上げた情熱的な社長がこんなにもいたのか。広島の底力を見たような気がしました。

会社のすべてはトップで決まるとよく言われますが、まさにそのとおりだと思いました。本書は、そのすごいトップたちの物語です。

そのトップたちが作り上げた企業は、企業規模としてはさまざまですが、いずれにもキラリと光るパワーがあると感じました。全体を通して私が感じた、ほとんどの企業（トップ）に共通するその要因をいくつか挙げたいと思います。

まず、社員を本当に大事にしていること、次に社員が働き甲斐を持ち、会社に誇りを持っていること、そして、お客との絆を大切にしていることです。

社員が充実して笑顔で働くことが、お客にやさしく接することにつながり、お客との絆をさらに深めることで、熱狂的なファンを持つことができます。

企業経営は世の中全体の経済状況や政治状況、あるいは、個人的な状況などに応じて、好調なときもあれば苦しいときもあります。苦しいときでも、トップはプラス思考をトコトン貫き、チャレンジ精神を発揮してもっと強い企業へと成長を遂げています。こうして各社は、地域や社会になくてはならないものになり、社会貢献活動にも積極的に取り組んでいるようです。

この本を読んでいただきたいのは、経営者、起業家、学生、そして、一般市民の方々です。経営者は本書を読むことで、新たな刺激を受け、自ら経営する会社の参考となることは間違いないと思います。起業しようとする人にとっては参考書となり元気をもらえます。また、学生は、就職先を選ぶ際にとても参考になるでしょう。一般市民の方も人生の勉強になります。そして、すべて実話ですから面白い。本書が皆さまの何らかのお役にたてば幸甚です。

２０１９年11月

編集委員　山下　江

ひろしまのすごい社長たち
もくじ

まえがき
キラリと光る、
パワーあるトップたちの熱き物語
編集委員　山下 江 …… 2

日々を疎かにしない。ごまかさない。
誠心誠意、仕事をする。ただそれだけ。
エスエスジャパン　代表取締役　佐々木 世紀男　広島市西区 …… 9

一人のヒーローはいらない。それぞれが得意分野を生かし、
役割を果たすことで会社は成長する。
オオアサ電子　代表取締役社長　長田 克司　山県郡北広島町 …… 29

食べる力は生きる力。その人らしく生きるために
全力でサポートしたい。
大野浦病院（医療法人社団 明和会） 会長 久保 隆政 廿日市市 …… 49

原点は「人とのつき合い」

今でも最も大切にしている。

カーポート佐々木（佐々木輪店） 代表取締役社長 佐々木 正知 府中市 …… 69

日進月歩に発展する医療機器。

安全に使用してもらうことこそ、我が社の使命。

ジェイ・シー・ティ 代表取締役会長（CEO） 林 俊平 広島市安佐南区 …… 89

「会社は人」

社員の能力を最大限に生かしたい。

島屋 代表取締役 吉貴 隆人 広島市西区 …… 109

＊五十音順で掲載しています

職員も、入居者もみんな家族。
「楽しい家族のような」施設にしたい。
ジョイフル・ファミリー　代表取締役　香川 良法　広島市佐伯区……129

口に出す「想い」は実現できる。
デコラム　代表取締役　岩井 正貴　広島市西区……149

世の中のお役に立てるリーダーを創ることが
自分の使命だと思っている。
ニムラ　代表取締役　二村 隆信　広島市安佐南区……169

社員さんの豊かな人生につながる
やりがいのある職場を創造していきたい。
ニムラ自動車（ネオスグループ）　代表取締役　二村 一弘　広島市安佐南区……199

一つの処に命をかける
その瞬間、瞬間に命をかけることが大切。
バルコム　代表取締役　山坂　哲郎　広島市安佐南区　219

創業時の精神
「人の暮らしを豊かにする」を引き継ぎ、
暮らしのよき相談役でありたい。
広島ガス高田販売　代表取締役　住吉　峰男　安芸高田市　239

「食のプロ」を目指し、
野菜の力をまごころ添えて届けたい。
古昌　代表取締役　古本　由美　広島市西区　259

エスエスジャパン

自動車鈑金塗装・車検点検・修理・自動車販売

佐《さ》々《さ》木《き》 世《せ》紀《き》男《お》

代表取締役

日々を疎かにしない。ごまかさない。
誠心誠意、仕事をする。
ただそれだけ。

企業理念

真剣だと知恵が出る
中途はんぱだとぐちが出る
いいかげんだと言いわけばかり

エスエスジャパン社員10か条

1、素直でプラス思考の人間である事。
2、人生計画を持ち、仕事と家庭を両立できる事。
3、組織人・社会人・家庭人として、十分な知識を持つ事。
4、自己啓発を継続し、より高い目標に挑戦する事。
5、目先や枝葉にとらわれず、本質をみる事。
6、プロ意識を持ち、責任を持つ事。
7、体が資本、健康管理を十分にする事。
8、常に問題意識を持ち、自分の意見を提案する事。
9、出来ない理由を言わず、出来る方法を見出す事。
10、他の社員に思いやりを持ち、他人の批判をしない事。

本社

profile **佐々木 世紀男**

1954年生まれ。1973年3月、出身地の島根県益田市より東広島市の自動車部品製造会社に就職。1976年12月に会社を退職後、広島市内の自動車修理工場へ転職し5年間見習いとして働く。1982年1月退職後、同年3月に友人と2人で念願の独立を果たす。

好きな言葉は「縁ありて花開く、恩ありて実を結ぶ」。現在、時間があるときは益田へ帰って農業や庭園を造って遊んでいます。

小さなかすり傷から事故による大破まで、同じ傷は一つもない。事故車を扱う板金・塗装は、1台1台がすべて異なる作業。それができるところにステイタスがある。当然、高い技術が必要で、自分自身が試される仕事だ。

こう語る「エスエスジャパン」の佐々木世紀男社長。同社は、自動車の板金塗装をはじめ、整備や車検などを手がける。特に知られるのが板金塗装の技術力の高さだ。事故で傷ついたり、経年劣化で色が褪せたりした車を直すのが板金塗装の仕事。

板金は、専用の工具で叩いたり、溶接機や修正機など使って引っ張ったりして凹凸を直して、アルミやポリエステル製の「パテ」を盛って微妙な凹凸もならしていくほか、損傷が激しいパネルの交換なども行う。計測器を使い、目視、触手でわずかな歪みも確認しながら、寸分の狂いもない美しい形に仕上がるまで何度も作業を繰り返す。

一方の塗装は、塗料メーカーの色見本を参考に、塗料を調合して色を作り出す。

新車の色データはあるが、実際に走っている現車の色は日焼けやくすみなどの影響で1台ごと微妙に異なる上、車体の上と横でも違う。そのため、ときには10種類以上の塗料を繊細なさじ加減で配合して調色する。そうして作った塗料を吹き付けて車体の肌艶を復元させていく。ごまかしの効かない神経を使う作業だ。

車の素材や構造、色などは技術の進化や時代のニーズとともに変化していく。当然、板金塗装の技術も対応していかなくてはならない。ベテランであっても学び続ける姿勢が求められる世界だ。

開業以来37年、事故車修理のクレームは1件もない

グチャグチャになった事故車とか、エンジンを外してフレーム、ボディをバラシしてから直さんといけんような、誰も引き受けんヤツを修理するんが好きなんよ。

「事故で大切な車が変形して当社を頼って来られる。不安そうな顔つきのお客さんに、『直りますよ、安心してください』と言ってあげられる。そして、仕上

げたときの驚きと喜ぶ顔。『えっ、こんなにキレイに！』と感動されることも少なくない」と佐々木社長。

「預かった車は、私が納得できるまで何度も試走して、自信を持って大丈夫と言える状態にしてからでないとお渡ししない。だから、開業以来37年間、事故車修理のクレームは1件もない。ポイントを押さえ、絶対に妥協せんで仕上げるから」。同社は技術力の高さから国産車メーカーだけでなく、ドイツの高級外車の修理指定工場にもなっている。

ひどい事故車を手がけるときは、すべての工程をシミュレーション

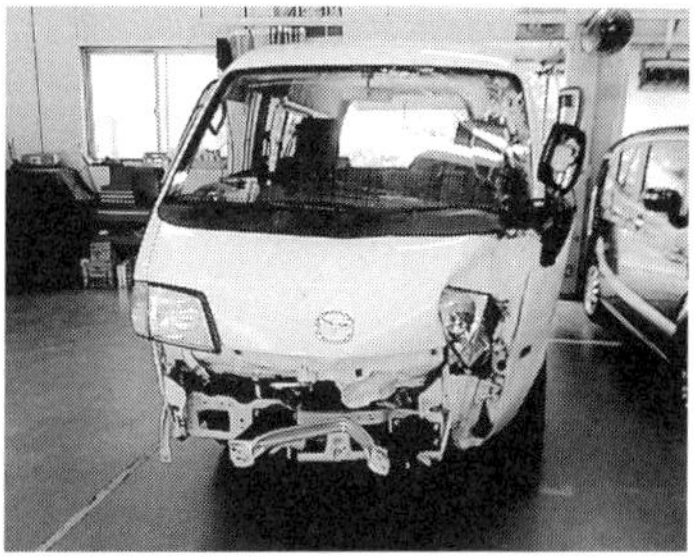
修理前

修理後

する。どう固定して、どの道具を出して、どこに置いて、どう引っ張って、どう切って交換するかなど、詳細に組み立てる。そうして、頭の中で完全になってから作業に入る。やりだしたら一気ですよ。途中で悩むことはまずない。

そのために「自分の心を研ぎ澄ませて雑念がないときに作業する。だから夜間や早朝、日曜など一人でどっぷり集中できる時間を取ることも多い」。心身ともに膨大なエネルギーを要する仕事だ。

技を武器に無理難題に挑み、特許や意匠登録も取得

「難しい事故車をいかに精度高く、元どおりに近い状態に修理できるかが勝負」という。無理難題に挑むのはなぜか。

他人と同じ仕事をしとったら、値段で天秤にかけられて自分の能力と関係ないところで競わんといけなくなる。だから、誰も

ようせんことをやろう、と決めた。それができる板金の妙技に惚れ込み、技術を武器に戦略的に事業化してきた。

その証左の一つともいえるのがトヨタの高級車・クラウンの修理だ。クラウンは1967年発売の3代目から1991年発売の9代目まではペリメーターフレームを採用していた。ペリメーターフレームとは、乗用車で一般的なシャシーとボディを一体化した「モノコック構造」と違い、フレーム、ボディ、シャシーが別々。修理の際は、いったんボディを外して、フレームとボディをそれぞれに直す工程が必要で、技術はもとより、時間も要した。

そこに目を付けた佐々木社長は、ボディを外すことなく修理する技法を独自に開発。それまで最短でも2週間以上を要していた修理（これが普通の修理工程だった）を、フレームだけはわずか半日で仕上げることに成功した。

「どの角度から、どれくらいの力が加わったのかをきちんと計測して、ベクトルを確かめて、正しい力で引っ張ってやれば、元に戻るんです、工学ですから。そりゃあ懸命に勉強しましたよ」とした上で、「でも直した後はしばらく放っといた。（修理が）あんまり早すぎるから。そんなに早くできるなら安く、とか言われると、ウチみたいな零細はやっていけんからね」とニヤリ。
90年代のRV車ブームも追い風となった。RV車修理のためのアタッチメント（器具）を作り、迅速な修理を可能にした。それが工具メーカーの目に留まって、商品化されて全国発売に。さらに、ジャッキアップせずにタイヤを固定したまま事故車を引っ張ることのできる器具も作り、こちらも全国発売になった。

作業する中でこうなればやりやすいとか、（既存の器具じゃ）物足りんとかいうのがあると、作ってしまう。ちゃんとメッキまでして見栄えもよくね。それで、工具メーカーが来たときに見せたら、「コレ（権利）買わせてください！」となった。

そうして、2点の意匠登録と1点の特許を取得

RV車修理のためのアタッチメント

している。そのほか、個人に依頼されて日産のアベニールをベースにしたリムジンや、セドリックのセダンをステーションワゴンに作り替えるなど、2台の車のパーツを切って溶接して1台に仕上げたオリジナル自動車を製作したこともある。強度計算から補強、溶接まですべてを佐々木社長が担った。もちろん公道を走行できる。

◆―100万都市・広島での勝負が始まる矢先にアクシデント

佐々木氏が板金塗装の世界に身を投じたのは22歳のとき。「社員募集」の看板を目当てに飛び込んだにも関わらず、面接でいきなり「5年経ったら独立させてください」と直談判したという。「すごく怒られたけどね」と振り返るが、どうにか入社し、修行の日々が幕を開けた。最初の2年は下仕事ばかりだったが、自ら進んで引き受けることで信頼を得てチャンスを勝ち取っていく。

来る日も来る日も仕事に明け暮れて、5年間で全塗装を約250台を手掛けて腕を磨いた。4年が過ぎたころには、どんな車でもやれるという自信がついとった。そして約束の5年と1か月で退職した。

腕への自負と一念発起の志を元手に、前職の大協（現・ダイキョーニシカワ）で同期だった上名三男さんを誘い、創業にこぎつける。2人とも自動車整備士の資格を持ち、エンジンやサスペンションなども扱えた。当時はまだ、整備と板金塗装の両方を手がける企業は少なく、ワンストップでサービスを提供できると考えた。

「いつかは100万都市・広島で勝負する！」という想いを胸に、東広島市志和の自動車整備工場の軒先を借り、1982年3月に間借り創業した。1年半後の1983年9月には、現在、本社を構える西区山田へ移転。賃貸ながら自分の城を手に入れ奮い立っていた佐々木社長に、思いもよらぬ災難がふりかかる。

移転翌日、「バラックのような状態だった工場」を手直しするために屋根に上っていたところ、足を滑らせて落下。背骨と肋骨を折る大ケガを負ってしまう。医者からは「1か月の入院が必要」と診断されたものの、2週間で退院を強行してしまう。

――背骨はそうでもなかったが、動くとあばらが痛くて痛くて。絶対に仕事をせんいう約束で無理やり退院した。――

安静が条件にも関わらず、翌日からコルセットを巻き板金作業に従事したという。本格的に事業がスタートしたばかりなのに加え、次女が生後２か月という時期でもあり、休んではいられなかった。

――とにかく早め早めで、よそよりも早く仕上げることを心がけた。もちろん手は抜かんから、深夜、早朝と時間を作って仕事をした。そうやって前倒しで仕上げて品質もバッチリだから、次の注文につながる。そうやって、信頼してもらって広げていった。――

顧客を大切にする姿勢は今も変わらない。預かった車は、掃除からシャンプー、ワックスまでを施し、ピカピカになってオーナーの手元に戻る。板金塗装部門と整備部門を合わせると月に約２００台以上を手がけ、今もこのサービスを続ける。

保証書やお礼状も開業以来ずっと続く習慣だ。さらに顧客ごとのカルテを作り、車種や特徴、時期、修理や整備などの内容をつぶさに記録する。

「特別なことをしているわけじゃない。そのほうが気持ちよく仕事させてもらえるから続けているだけのこと」と佐々木社長。トラブルがないのは、そのための努力を続けているからにほかならない。

◆再びの悪夢

事業が軌道に乗り、バブル景気の後押しもあって順調に成長曲線を描いていたエスエスジャパンを、またしても悪夢が襲う。1991年8月19日。工場内で作業していた従業員がアクセルとブレーキを踏み間違え、修理中の車が唸りをあげて佐々木社長に突進。鉄骨柱とのわずかな隙間で命拾いしたものの、肋骨と足の大腿骨を複雑骨折し、3か月の入院を余儀なくされた。事故を目撃した社員が「内臓が破裂して、もうダメなんじゃないかと思った」というほどの大惨事だった。

――このときばっかりは、よう退院せんかった。真っ赤なオシッコ――

がずっと出とったし、半年くらいは金具を入れて足を引き摺っとった。それでも退院後はすぐに板金しよったよ。息するときにあばらが痛いくらいで、骨は放っといても勝手にくっつくんやから。あばらは今でも（骨がつくときにできる）コブがようけあるし、脚の骨は真っすぐにはついとらんよ。

笑いながら振り返るが、ゆっくり養生できなかった背景もある。大破した車を見事に再生させるのが同社の真骨頂。それは利益率の高い仕事だが、当時は佐々木社長にしかできなかった。社長の離脱により、数多く請けていた「実入りのいい仕事」はすべて引き揚げられてしまい、「今のままでは続かない」という経営上の不安を突き付けられた事故でもあったのだ。

◆ピンチはチャンス――売上も社員に公開して全員で取り組む

3か月に及ぶリタイヤを経験したことで、「まず自分が変わらんと」という思いを強くしたという。「それまでは全てを管理・運営して、ワシの言うとおりにしとけばエエというワンマン経営。だから、従業員はどんな仕事がどれだけ入るのか、受けているのか、金額はいくらか、ということも把握できてなかった」

そこで、「会社はどうあるべきか」を徹底的に考え、社長自身の行動力と決断力だけでなく、情報公開と仕事の分配を決めた。会社を法人化するとともに役割を分担し、財務諸表を社員に全て公開して組織マネジメントを導入。「儲かったらみんなで分け、利益が上がらないときは痛みを分けあう」ことを徹底した。

それ以来、毎年、経営計画書を社員全員に配布して経営ビジョンを示す。加えて、毎月、廿日市店に社員が集合して各部門の売り上げを発表して、情報共有す

廿日市店スタッフ

るとともに食事を摂りながらミーティングを実施する。

社員からのメッセージ

古志 修一 さん

板金塗装の妙技に触れながら成長していける魅力

入社20年目になります。本社で板金業務を担当しています。当社は、国産車から輸入車までさまざまなメーカーの車を取り扱うので、豊富な経験を早く積むことができます。社長をはじめ、腕のよい職人が多く揃っていますから、事故で大きく破損した車を直していく板金塗装の妙技に間近で触れながら成長していけるのが魅力ですね。高いレベルを求められる厳しい面もありますが、そのぶん確実に技術が身に付きます。

以前は、カーディーラーで整備業務をやっていました。そこで、エンジンやシャシー、ドライブトレインなどの取り扱いを経験したので、次はボディを手がける板金塗装をやってみたいと思い、技術力の高さが有名だったエスエスジャパンを選びました。

自動車業界は素材や構造、色など次々に新しい技術が導入され開発が進む世界。ですから修理を担う板金塗装工も学び続ける姿勢が大切です。当社は資格取得をはじめ、勉強会などへの参加も積極的にサポートしてくれる体制が整っています。

◆プロ中のプロになれ

「プロ中のプロをめざせ。技術は妥協したらいけん」とスタッフに言い続け、佐々木社長が認めるレベルに到達していなければ何度でもやり直させるという。

「自己満足の世界やけどね」と自嘲気味に笑うが、そこには、美しいものを追求する感性が息づく。ドイツの建築家ミース・ファン・デル・ローエが標語にしていた「神は細部に宿る」。ディテールを疎かにして全体の美しさを構築できないのは、板金塗装の世界にも通ずる至言だろう。そうやって、神経を研ぎ澄ませて仕事に取り組む職人には、身に付く感覚があるという。

車のシートに腰をおろすだけでも、扱いが丁寧か雑かとか、身体の重たい人だろうとか、身体の感覚からいろんな情報が得られる。もちろんエンジン音を聞けば、どのメーカーか分かるし、走らせて音を聞けば、車の状態の良し悪しもおおよそ判断できるようになる。車には持ち主の心が表れている。

的確な診断と熟練の技術への信頼は厚く、乗用車はもとより、トラックやタンクローリー、バイク、船、ジェットスキー、カヌー、耕うん機、発電機、グレーチングなど、さまざまな板金塗装や溶接、整備の相談が舞い込むという。

困っている人の助けになる仕事

仕事のやりがいを尋ねると、いみじくも佐々木社長と社員が同じ言葉を口にした。「困っている人の手助けになる」

――困っとる人から頼まれて知らんふりいうんはできん。自分ができることで手助けになるなら、誰でもやるじゃろ。――

自然体で発せられた彼らの言葉には、背筋を伸ばして生きようとする人間の清々しさが宿る。そして、公平公正を信条とする佐々木社長の「濁った仕事をしとうない」という言葉には、技術者集団を率いる男の矜持と志の高さが滲む。

当たり前のことをやってるだけ。普通の板金塗装をしとるだけで、すごい設備もなければ、すごい会社でもない。でも、商売いうんは、小さなボロが出るとそこからポツポツと水漏れするようになり、気づいたときには大きな穴になっとる。だから日々を疎かにしない。ごまかさない。お客さんに対して、誠心誠意、仕事をする。やってないことをやったと言わない。ただそれだけ。そうした中で、何年経ってもお客さんからお礼のハガキをもらえたり、「アンタんとこで直してもろたんが、いまだに調子エエよ」と言うてもらえたりするんがね、励みになる。そんな一つひとつを積み重ねていっとる。

日本経済が失われた20年を経る中で、「勝ち組・負け組」という価値観が跋扈《ばっこ》し、「賢く」、いや正確にいえば「ずる賢く」儲けることを是とする風潮が蔓延し、企業の不祥事が相次いだ。しかし、是々非々でビジネスを展開し、「困っている人の手助け」に意義を見出して、まっとうな仕事をやり遂げようとする男たちがここにいる。

「私の経営の根幹は、利益の3分の1を内部留保、3分の1を設備投資、3分の1を社員に還元すること。それをずっとやってきた。社員みんなが潤って、一生おってよかったと言える会社づくりを、これからも懸命に続けるだけ」。こう佐々木社長は、真っすぐに語る。

本社スタッフ

エスエスジャパンの歴史

1982年	3月	ボディーショップササキ(東広島市)にて2人で開業。
1983年	9月	広島市西区へ移転。
1991年	1月	エスエスジャパンに社名変更。
2000年	12月	廿日市店を新規開店。
2011年	1月	株式会社エスエスジャパンに法人変更。

会社概要

株式会社エスエスジャパン

所在地	本　　社：〒 733-0854 広島市西区山田町153 廿日市店：〒 738-0034 廿日市市宮内3677-1
TEL	本社 082-273-1005
HP	http://hptools.carpod.jp
創業	1982年
設立	1990年
資本金	1,000万円
代表者	代表取締役　佐々木世紀男
従業員数	15人
主な事業内容	自動車鈑金塗装・車検点検・修理・自動車販売・ボディガラスコーティング・機械工具製造販売・レンタカー取次・総合保険代理店・エコ事業

オオアサ電子

液晶表示装置・音響機器の製造販売

長田《ながた》 克司《かつし》

代表取締役社長

一人のヒーローはいらない。それぞれが得意分野を生かし、役割を果たすことで会社は成長する。

社　憲

何事にも前進し
最高の品質で
未知の社会へ挑戦しよう

2019 経営方針

令和維新

「不易流行」の確実な実施

「不易」はいつまでも変わらないこと。「流行」は時代々々に応じて変化すること。

令和元年は様々な分野で大きな変化が始まります。働き方改革、外国人労働者の受け入れ拡大、消費税増税、教育改革等、法制化で動き始めました。時代変化を実践しながら、基本に立ち返り、強いところ、長所を伸ばしていくことが必要である。

行動指針

1．５Ｓ３Ｔの徹底
（整理・整頓・清掃・清潔・躾・定置・定品・手量）

2．生産革新で効率を上げる
（見える化・機械治具改善・省人設備化）

3．質の向上
（報・連・相の徹底で品質、人質「内面・身嗜み」向上）

4．マスタープラン（経営計画）の必達（総合力）

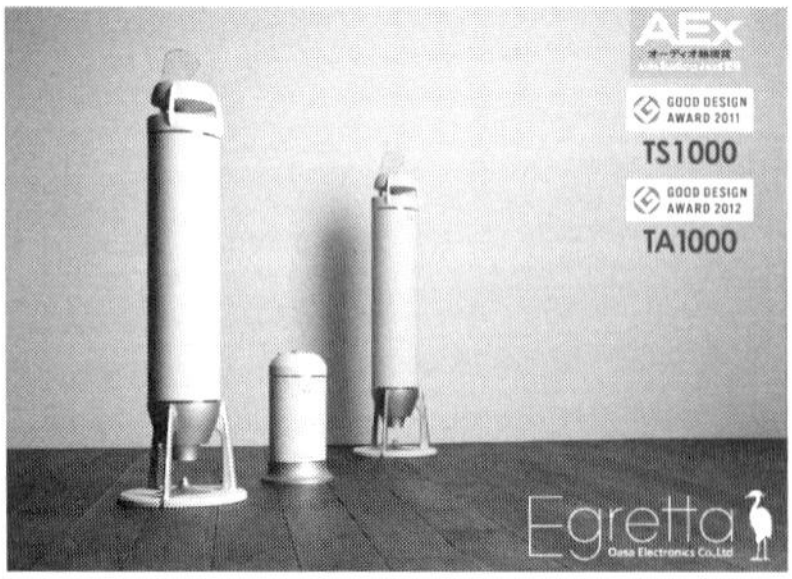

スピーカー「Egretta（エグレッタ）」

profile **長田 克司**

1956年旧大朝町生まれ。地元の新庄高校から神戸学院大学に進学。法律を学ぶ。ＵターンしてＪＡで働く。1983年に起業し、光学液晶、音響映像、環境エネルギーを柱に事業を展開。リーマンショックを経て、その後、業績不振に陥るが、2011年に発表した初の自社ブランド「Egretta」などでＶ字回復を果たす。それ以降、「攻めの姿勢」を合言葉に、質の高いモノづくりを進めている。

あの苦境を越えて、ここまで来ることができたのは社員の力。同じ苦しみを味わう中で、個人、個人の力が合わさり、それが一つの力となって、会社は成り立っていると実感しました。

「契約は更新しない」と通告

オオアサ電子（山県郡北広島町）が大きく変わったのは、2009（平成21）年のことだった。変わらざるを得なかったというのが正確かもしれない。前年のリーマンショックを何とか乗り越えた、と感じていた矢先だった。長田克司社長が、元請けメーカーから呼び出され、「中国に工場を移すから契約の更新はしない」と告げられた。まさに青天のへきれきだった。

創業して四半世紀、多少の紆余曲折はあったものの順調な歩みだった。当時、オオアサ電子は、光学液晶の技術を磨き、この大手液晶メーカーの協力会社として、最盛期には年商10億円を超えるまでになっていた。それが急転直下、奈落の底に落とされたのだ。

売り上げの8割がなくなった。切り捨てられたということ。どんなに小さくても自分でやっていかねばならない状況に追い込まれました。

時を同じくして、頼りにしていた大手メーカーも閉鎖された。背水の陣。だが、安易に社員を辞めさせることはしたくなかった。だから、技術力をテコに攻めに出ることにした。

社業を見つめ直すことから始めた。自社の強みの再確認作業を行ったのだ。4つの「強み」を発見することができた。1つ目は、26年間コツコツと働いてきた社員たちの姿。2つ目は、その間に培ってきた経験や独自の技術力。3つ目は人脈。最後に、わずかだが内部留保もあった。

もう一つ思い切った方策を出した。当時150人いた社員全員の解雇も、給与カットも見合わせたのだ。社員のリストラで業績回復を目指す会社は多い。こんなときだからこそ、社員全員の力と団結で、この難局を乗り切ろうとした。

過疎の町で、4人からの起業

長田社長が故郷の北広島町大朝（旧大朝町）に、オオアサ電子を立ち上げたのは1983（昭和58）年のことだった。当時の大朝町の人口は4000人足らず。中国山地の典型的な過疎の町だった。町は、減り続ける人口に危機感を持ち、何とかして企業を誘致しようとしていた。そうして出した結論が、無公害の工場の誘致だった。

大学時代は法律を勉強して、地元に戻って民間企業で働いていた。いわば門外漢だったが、ふとしたきっかけで故郷のために頑張ろうと、起業したわけです。今考えると若かったなと。ずいぶん無茶なことをしたと思います。

1983（昭和58）年、地元の有力者たちと出資したオオアサ電子。従業員は4人からのスタートだった。大きな資本的バックアップは期待できなかった。町

の有志が探してきた発光ダイオードの製造も軌道に乗るには程遠く、結局は新たな仕事を探して東奔西走、運命的な出会いで、液晶パネルの製造を始めることになった。

創業当時から地域密着型の雇用を採用している。本社工場は90%が町内、江津工場に至ってはほぼ100%。親子や夫婦で働く人、創業当時からずっと働く人もいる。社内でのコミュニケーションを重視し、話し合いを重ねながら、社員に長く勤めてもらっている。

高品質の自社製品を作りたい

窮地に陥って苦しんだときこそ、今ある仕事を究めることが大切。そこを掘り下

創業当時の社内

げていけば必ずチャンスは
生まれてくるものです。

２０１０（平成22）年、前述した国内唯一の元請けの液晶専門メーカーが、ファンドに事業を売却・解散した。オオアサ電子は、これまで積み上げていた技術が強みだった。一つは光学液晶、もう一つが約20年前から行ってきた音響関連の技術だった。音響機器の製造自体も、ＯＥＭ生産などで経験がなかったわけではない。下請けの中で磨いていた素材加工技術が、音源をはじめ音響製品に独特の価値を持つことが見えてきた。

同じころ、それまで元請から貸与されていた生産ラインの譲渡を受けた。だが、直ぐには軌道に乗るはずはなかった。音響技術を深掘りする間には、取引銀行に私募債の発行をしてもらい、政府や自治体の公的支援もフル活用した。営業に駆け回って、数百万円のスポットの仕事を受注し、内部留保を切り崩しながら、勝負のときに備えた。

捨てられた悔しさをバネに、意地でもメイド・イン・ジャパンと胸を張ることのできる高品質の製品を自社で作りたいと思いました。その可能性がどんなに低くても、社員と共にこの音響事業にかけたのです。

◆無指向性のスピーカーに着目

音響を深掘るという事業開発のヒントは、ある社員の「昔はこんなスピーカーがあったよね」という一言だった。それが無指向性のスピーカーの発想だった。無指向性とは、一方向ではなく空間全体に広がるように音が伝わる。部屋のどこにいても伝わる。海外には無指向性の製品はあったが高価すぎる。手ごろな値段でできないか、と知恵をしぼった。

面白そうだ。とにかくやってみよう。鈴虫の鳴き声のように、どこから聞こえてくるか分からないけれど、音が聞こえてくる。そんなスピーカーを作ろう、というのが共通のコンセプト。音

――を拡散させる独自の仕組みを開発しました。

試作品の音を聞くと、やさしい音だった。疲れない音、楽な音と評判も上々だった。このスピーカーならBGMとして、ずっと音楽を流すことができるし、水や風など自然の音を流し続けてもいい、と感じた。

開発メンバー

最大のネック、販路拡大を人材採用で乗り越える

――でも、完成当初は方々から、バッシングの嵐でした。業界を知らないにも程《ほど》があると言われ、老舗企業ほど門前払いでした。

業界の認知が得られるまでの営業努力が大変だった。頼りになったのが、外部から雇ったプロフェッショナルだった。家電量販店にも進出することができた。

さらに大手メーカーで音響一筋の正にマイスターも縁があり入社。社員との相乗効果で製品づくりに拍車がかかる。そのマイスターも前職は大きな会社の歯車の一つだったけれど、商品開発の仕様など、今まで経験できなかったことにも関わることができた。中小企業の醍醐味を感じている。会社が攻めるのなら、働く方も攻めなければならないという。

◆──スピーカー「Egretta（エグレッタ）」をブランド名に

試作を進める中で、いま注目されているハイレゾ音に対応ができるようになった。ハイレゾ音とは、「High Resolution」の略である。CDを圧倒的に上回る情報量を持つ音楽データのことだ。解像度が高ければ、より細やかな表現や奥行きを感じることができ、これまで慣れ親しんだ音楽も、ハイレゾで聴き直せば新しい魅力に気づく。もう一つこだわったのが、日本的な要素を取り入れること。本体を漆喰で包み込むことに成功した。

こうして生まれた白い筒のようなスピーカーがイタリア語で白鷺《しらさぎ》を意味する「Egretta（エグレッタ）」。その名前をブランド名にした。

実は命名当日、会社の玄関先に白鷺が立っていた。と、うそのような実話があり。
我が社にとってこれほどピッタリで、縁起の良い名前はないでしょう。

白鷺をモチーフとしたロゴ

360度全方位に放たれる音の広がりが特徴

「Egretta」は360度全方位に放たれる音の広がりが一番の特徴。無指向性のスピーカーによって立体的で奥行きのある音響空間を実現した。その場所が演奏者たちと同じステージ上であるかのような臨場感を体験できる。

発売は2011（平成23）年7月。スタイリッシュなタワー型なスピーカーはインテリアとしても人気となった。1セット25万円のスピーカーだが、中高年齢層を中心に売り上げを伸ばした。完成した商品は、社員の熱意の結晶でもあり、魂を込めてつくられた商品は、自然とその熱を発散する。海外からの需要も次第に高まっている。

広島の片田舎で生まれたスピーカーが世界に認められれば、それが地域の力になる。そして地域の誇りにもなります。

「Egretta」発売の3年後には、これまで途絶えていた液晶の発注もきた。主力製品になる予感がした。今では総売り上げの8割を占めている。

安さだけでない、品質の良さを重視する日本のものづくりの価値観が戻ってきたとしたら、大変うれしいことです。

シリーズ新製品「TS-A200」
2019年12月発売開始

今は自動車やバイク関連のインパネ（ダッシュボード）部分の液晶などに多くの受注がある。以前を超えるほどの受注件数である。ようやく業績も回復してきた。これまでと異なるのは、会社がより筋肉質になったことだ。液晶のほかにも、音響のブランドを持ち、さらに産業技術総合研究所や大学などとの連携・研究も進めている。

◆3年連続でグッドデザイン賞を獲得

オオアサ電子は、3年連続でグッドデザイン賞を受賞した。異業種の大手企業や研究機関、海外からの引き合いも増えている。躍進の支えになっているのが、社内の開発者たちの存在である。ものづくりをする際には、精密さとクオリティーの追求を徹底的に行い、少しの妥協も許さない。オオアサ電子が設立当初から長年、築いてきた企業体質と言えるかもしれない。ハードとソフトそれぞれの設計・開発を行っているのも強みだ。自社の生産設備を作り上げ、メンテナンスも行う。常に新しい技術に取り組み、アップデートを繰り返しながら改良を重ねている。自社の製造ラインが効率的に稼働できるのはもちろん、受注の案件ごとに顧客の細かいオーダーに対応できる。

――まずは話題になることが大切。常に困難なものに挑戦したい。世の中にまだないものを作っていきたい。――

受託専門企業から開発提案型企業へ転換

製造業に関する国内外の情勢は大きく変化している。生産のグローバル化が進むことで、それに伴う価格競争はますます激化する。そのような中、顧客の「質」に対する要求は強まるばかりだ。

創業時から培ってきた「生産技術力」と「品質」を会社の軸として、光学液晶事業と自社製品事業で時代とニーズの変化に対応していくとともに、今後も技能集団として、知恵と工夫と協力協調を合言葉に、さらなる高みに挑戦する。

――時代は着実に変化しています。そこを見通しながら、少しでも前に進むことが大切。――

これからの展望として、音響技術を医療に生かす医工連携、時間はかかるが先駆者として粘り強く進めていきたい。

液晶製造で積み重ねてきた長年のノウハウが、ガラス加工技術につながっている。液晶ガラスはもちろん、光学製品のガラス加工まで幅広く対応している。

強化ガラスをスマートフォンの画面（タッチパネル）に張り付ける。ハンマーでたたいても、ひびが入らない強度の製品もリピーターができるほど好調だった。

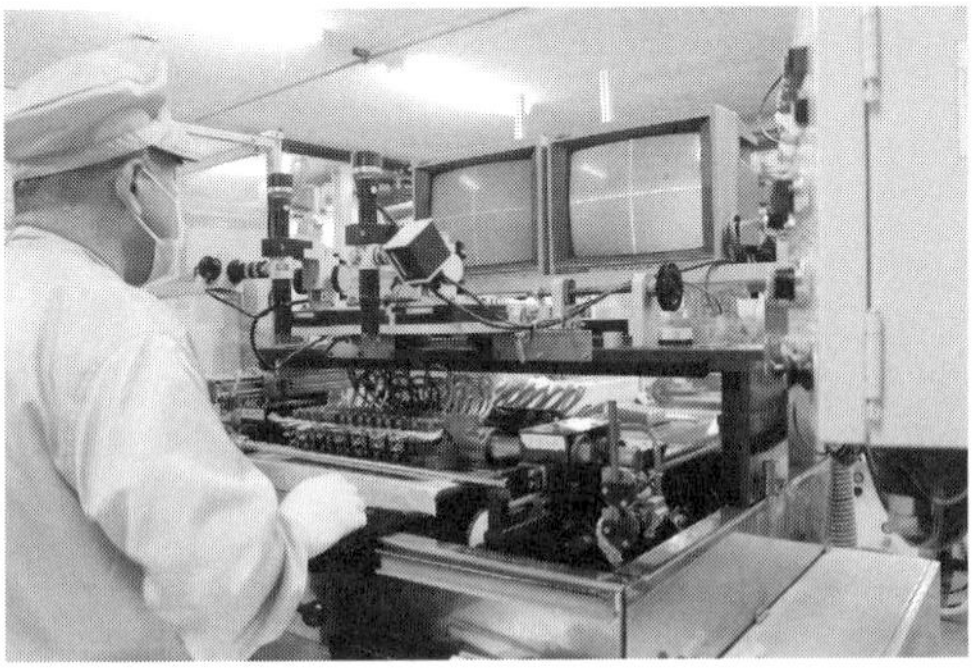
ガラス加工の作業

◆教育は「フェイス・ツー・フェイス」が基本

長田社長は、地元への地域貢献にも力を入れている。北広島町の教育委員に就任し、子どもたちに田舎の素晴らしさを伝えられるかアイデアを練っている。地

社員からのメッセージ

山本 武司 さん

自分たちで考え、商品化する楽しみ

今は、開発技術課長を担当しています。我が社が「Egretta」の発売を発表する少し前に入社しました。それまでは関西の会社で働いていましたが、千代田町の出身で、地元に帰って自営をしているときに、コマーシャルを見て入社を決めました。

元々、音響には興味があり、あくまでも趣味の一部でしたが、その音響設備の開発に関わりたいと思いました。一般的に無指向性のスピーカーというものは、オーディオマニアは嫌っています。私自身も同じ考えでしたが、工夫次第ではこれまでにないものを作れるのではと思いました。

これまでの無指向性のスピーカーは間接音のものでしたが、直接音のものに挑みました。我が社は小さな会社ですが、自分たちで考えたものを、自分たちで製品・商品化する楽しさ、やりがいがあります。

元の体育協会のほか、広島県ラジオ体操連盟の役員も務める。中学から大学までバレーボールをやっていた。そこで、学んだのがチームワークの大切さ。中・高校時代には、キャプテンも経験した。

社員教育にも力を注ぐ。毎月1回、工場ごとに全社員を集める。年2回は自筆のメッセージを送る。部長などの管理職は、週1回各工場から本社に集まる。「フェイス・ツー・フェイス」が基本と考えている。

さらにオオアサ電子には、定年制度がない。働く意欲があって、真剣に仕事をする社員は、60歳以上を過ぎても働いている。社員に「自分たちの会社」と思ってもらえることが一番大切だ。

> 一人のヒーローはいらない。それぞれが得意分野を生かしながら、それぞれの役割を果たすことで、会社は成長する。

料亭を改装したショールーム

山県郡北広島町大朝地区。創業時には4000人だった人口が、今は3000人を

ショールーム

切っている。少子高齢化も深刻である。だが、ここにしかない技術を磨き上げているオオアサ電子の存在は、町内の自慢の一つである。

本社工場からほど近い県道沿いにショールームがある。かつて料亭だった建物を改装したものだ。何種類もの「Egretta」が所狭しと展示され、居間に似せたルームでは、「Egretta」の音を体感できる。実際に音を聴いてみた。まるで映画館の中にいるようだった。クラシックコンサートの会場で、重低音に魅せられている感覚だった。

広島県の方はもちろん、遠くは九州や関西からもうちの音を聴きに来てくれるお客さんがいます。本当にありがたいこと。期待を裏切らないように日々、切磋琢磨しなければなりません。

県北・大朝からの挑戦は続く

V字回復したオオアサ電子について、テレビの特集で取り上げられる機会も増えた。経済専門誌に取り上げられたことも。少し前には、成功の秘訣を探るために政府の関係者が視察にも訪れた。

全体の売り上げからすれば、音響装置の売り上げは微々たるもの。だが、この商品が注目されることが、社員の大きな自信につながっている。この1、2年で売り上げを10億円にまで伸ばしていきたい。

地域には優れた「資産」が眠っているものだ。それは地域産品や観光資源に限らない。キラリと光る技、そしてそこに住む人材そのものだ。

実は、大朝と広島市中心部の時間距離はそれほど遠くない。高速道路を使えば1時間程度だが、広島側から感じる大朝までの「心の距離」はとてつもなく遠い。そんな目に見えない距離感を近づかせながら、かつ田舎の良さ、優位性を保ちながら、オオアサ電子を発展させたいと、長田社長は考えている。

オオアサ電子の歴史

1983年	オオアサ電子株式会社を設立。
1984年	大朝町営工業団地に新工場落成。
1986年	広島オプトの協力会社として液晶パネルの製造開始。
1992年	江津工場落成。
1998年	本社、機器製造棟完成。
2003年	本社、特機製造棟完成。
2010年	元請けの液晶専門メーカーがファンドに事業を売却・解散。「開発提案型企業」に舵を切る。
2011年	Egrettaブランド展示場「Egrettaショールーム」オープン。当社オリジナルブランド「Egrettaシリーズ」販売開始、東京オフィス開設。
2018年	第2工場稼働。

会社概要

オオアサ電子株式会社

本社所在地	〒731-2104　広島県山県郡北広島町大朝3817-10
TEL	0826-82-3636
HP	https://www.oasa-elec.co.jp/
設立	1983年5月17日
資本金	4,100万円(非公開)
代表者	代表取締役社長　長田克司
従業員数	150人
主な事業内容	液晶表示装置の製造(ライトパネル、電源機器の製造) 主要製品(液晶表示装置、電源装置、ライトパネル、音響機器) 製品の主な用途(車載用液晶パネル、ハイエンドオーディオ、電源装置)

大野浦病院（医療法人社団 明和会）

総合内科・消化器内科・リハビリテーション科など、
サービス付高齢者向け住宅

久《く》保《ぼ》 隆《たか》政《まさ》 会長

食べる力は生きる力。その人らしく生きるために全力でサポートしたい。

ホスピタリティの精神で

サービス業の基本はホスピタリティであり、これはHospital（英語）の語源と言われています。

私たちは、利用者の皆様にホスピタリティを感じて頂けるように心がけております。

常にサービス業であることを認識して、利用者の視点に立ち、基本理念に基づいたサービスに努めます。

基本理念

・個人の人権と尊厳性の確保

・個別サービス

・残存機能の最大活用

・家族との連携

病院外観

profile **久保 隆政**

1976年生まれ。大学卒業後、東京の民間病院で3年間働く。2002年、26歳になったとき、祖父が開院した大野浦病院に戻ってくる。2006年、2代目の会長に就任、病院の経営責任者となる。医療と経営を分離する「医経分離」の方針で運営している。

◆言語聴覚士による摂食嚥下訓練

大野浦病院の最大の「強み」は、言語聴覚士（ST）をはじめ、スタッフ全員で取り組む摂《せっ》食《しょく》嚥《えん》下《げ》訓練と口腔《こうくう》ケアである。だが、一朝一夕にできあがったものではなかった。

大野浦病院は、母方の祖父で初代会長の久保明氏が開院した。2002（平成14）年、この4年後に会長になる久保隆政氏が、後継者となることを前提に勤め始めたことが「強み」を生むきっかけだった。

当時は、祖父が社会貢献を目的に病院を開院してしばらく経っていたが、その間、毎年のように赤字続きだった。祖父は兄弟で今のエディオンの礎を築いた優秀な経営者だったが、なぜ、病院経営だとうまくいかないのだろうと感じていました。

このままでは負の連鎖が続くばかり、との危機感を持ち、何か病院として「強み」となるものを探さねばと改革を始めたのだ。

祖父からの電話で急に後継者へ

実は、この大野浦病院を引き継ぐことになったのは、母方の祖父からの一本の電話だった。

父はトラックのボディを作る会社の経営にかかわっており、旅行用のスーツケースの修理にも手を広げていた。将来的には、自分も会社にかかわるのかと思っていました。

ところが、祖父の明氏から「病院を継いでくれ」と電話があった。祖父には男の子がおらず、一代飛ばして要請が来たのだ。医療に対する興味もなく、準備も、心構えも全くなかった。断る理由を探していたときには養子に入る形で、すでに苗字も変えられていた。

方向転換を余儀なくされ、医療業界で修業することになった。東京の病院では事務としてレセプト業務を担当する傍ら、入院患者獲得のため東京中の病院を飛び回った。お世話になった上司から「凝縮して勉強すべき」と事務的なことから病院経営のイロハまで教わった。当時としてはまだ、全国的にも珍しかった在宅訪問診療クリニックの立ち上げにもかかわった。

◆損益分岐は稼働率90%

こうして26歳のとき、大野浦病院で働き始めた。1994（平成6）年に先代が立ち上げて8年が経過していた。

当時は療養型病床（90床）の病院で個人病院から、やっと法人化となったころ。それまで赤字経営が続いており、祖父が個人的に補てんしていた。

決算書を見ても、暗くなるばかり。そんな状況で自分に何ができるのか、と思った。さらに病院は専門職集団の集まり。社会人経験も乏しく、専門技術もない私は、一体どうすればいいのか、と。

病床の稼働率が勝負であることは分かっていた。療養型でスタッフも充足していたのにもかかわらず、80％あればいい方だった。それでは赤字になるのも仕方がない。スタッフの雇用を維持し、経営を健全化するには90％以上にならないと難しい。赤字の原因ははっきりしていたが、会議などでもなかなか言い出しにくい雰囲気だった。意を決して「損益分岐は稼働率90％。そこを達成しなければどうにもならない」と訴えた。

だが、その具体的な方策が見つからなかった。大野浦病院には、地域連携室がなかった。この部署がないと、入院・退院の窓口機能が不十分になる。説得して1か月後に立ち上げた。

稼働率をあげると言ったときには、机のまわりを囲まれて、「何で入社したばかりの人が現状も知らないで、こんなことをするの」とつめ寄られた。このままでは、存続にかかわると説得した。これまで、あまり病院内で数値を用いて現状を指摘することはなかった。だから自ずと切迫感もなかった。

◆――「3か月後に食べられるようになった」

同時に、地域の急性期病院を中心に回った。そこでよく指摘されたことがある。「お宅の病院の『強み』は何ですか」と。自身も分かっていたが、外部から言われるとこたえた。改革を急がなければと、改めて感じた。

ちょうどそのころ、九州の「誠愛リハビリテーション病院」から一人の言語聴覚士が入ってきた。五郎水敦さん。現在は、リハビリテーション部長を務めている。

県立広島大学の言語聴覚療法学科の第2期生だった。同期の中で、男性は一人だけだったという。福岡で言語聴覚士（ST）の腕を磨き、地元の広島に戻ってきた。当時は、理学療法士（PT）や作業療法士（OT）と比べて、言語聴覚士の認知度は高くなかった。

五郎水敦さんは病院では「同期入社」。彼が病棟で、目も開いていないような患者さんに対して、スポイト一滴の水を垂らしては口の中を観察しながら、嚥下訓練を行っていた。まだ食べられる可能性があるらしい。信じられなかったが実際、3か月後に食べられるようになった。その後、会話もできるようになりました。

この光景を見たときは、衝撃的だった。だが、病院全体では「いらないことをする」「仕事を増やした」と否定的な意見もあった。どうして病院内で、口から食べるようにしなくてはいけないのか、病院は治療をする場所である、という考えが当時の主流だった。

開院8年目に黒字

まだ、周りがあまり手を付けていない分野に取り組もう。人間本来の機能である食べることにこだわってみることにした。大野浦病院は「食事ケアと口腔ケアの充実」を宣言した。翌年から言語聴覚士の採用を増やした。現在は11人の陣容である。

核になる分野ができたことで、地域連携室もうまく機能し始めた。病床の稼働率もアップした。開院8年目にして初めて黒字になった。それ以降今日まで、ずっと黒字経営を続けている。

食事ケアでは一番改善できる病院になろうと取り組んでいます。高齢で1日のほとんどを寝て過ごす患者さんは、肺炎を繰り返すことが多い。それを予防し、口の機能を維持・向上させるためには、口の中を清潔に保つ口腔ケアが大切です。摂食嚥下訓練、姿勢を整える訓練、口腔体操による口腔の筋肉トレーニングなどに力を注いでいます。

◆「人事考課制度」「部署別評価制度」を導入

大野浦病院では、社員教育にも力を入れている。医療従事者としての技術を身に付けさせる教育はもちろん大切だが、社会人としての根幹にかかわる部分をどう鍛えるかの方がもっと大切。それがうまくいけば、スタッフ間の協力もスムーズにいく。

人事考課制度を取り入れた。考課されることになれない職員も多く、簡単にはいかなかった。同時に部署別評価制度（発表会）を開始し、各部署に目標・手段を明示させ、見える化を図った。スタッフの結束を図りたいという意図もあった。改革を進める過程で、少なからず辞める人もいた。そのとき、近くの総合病院で統廃合があり、経験豊富な人材が入ってきた。急性期病床などで鍛えられていた人たちだった。それらによって全体のレベルがアップした。

スタッフの力量や心構えの差は歴然としていた。ラッキーな面もあったが、皆が追いつけ、追い越そうと思い、患者さんに効果があらわれるようになると院内の雰囲気が一気に変わった。

◆「医経分離」、それぞれ尊重し合う

医師であれば、現場で一緒に汗を流せますが、その点では私には限界があります。自分ができないことだからこそ、医師や現場スタッフの職業・専門性を尊重している。「医経分離」で、それぞれが医療と経営での専門性を発揮しながら運営しています。

理事長を兼ねる曽根喬院長などの医師（常勤４人）やスタッフとの信頼関係をどのように構築するかが重要である。院長や幹部スタッフとの意見交換は欠かさない。病院全体の方針・目標などについて、スタッフに理解してもらわないといけない。

職員からのメッセージ

松原 かほり さん

MBAも取得。パートナーシップ推進室長として活躍

12 年前から、この病院で働いています。大学時代に同級生だった五郎水・現リハビリテーション部長が働いていたのと、言語聴覚士である私の専門の摂食嚥下障害に対して、病院が力を入れ始めていたので、自分のスキルを生かしたいと思いました。

昨年（2018 年）4 月からパートナーシップ推進室の室長を務めています。県立広島大学が始めた MBA を取得できるコースに入り、マネジメントなどについて学んだことがきっかけ。人事管理やシステムづくりに貢献してほしいと会長から声をかけられました。

法人（病院）と職員と地域住民（患者）の三者の関係について、法人と職員なら働きやすい環境づくり、職員と患者なら質の高い医療、法人と地域住民なら地域貢献に関して考えています。とりわけ今は、人事管理や人材開発、働く環境、育成と評価について研究しています。院内でのサービス向上につながると考えるからです。

私たちの病院では、「勉強してみたい」「こんなことをしたい」など、自由に提案できる雰囲気があります。私が MBA を取得したように、いくらでも後押ししてくれます。

曽根院長はこう語る。「当院では一人でも多くの患者さんに医療を提供するために、強みや特徴を前面に打ち出したブランディングを実施し、経営陣だけでなく、全スタッフで病院全体のことを考えて行動する環境づくりをしています」とした上で「リハビリやさまざまなケアに強い病院として、地域の医療機関や住民の方々から信頼を得ています。今後も全職員が一丸となって、多くの患者さんのQOLを向上させるため、努力を重ねていきたい」という。

◆──「互いにリスペクト」の精神を大切に

以前は、患者に対する言葉遣いやルール違反などを注意したために、スタッフが辞めたケースもあった。医療従事者としてよりも、社会人として取るべき態度ではないと思ったからだ。

スタッフは大切な存在ですが、やはりダメなものはダメです。「ルールは守らなかったが結果は出た」というのは評価にあたいしません。

摂食嚥下訓練は、病院内での大きな柱である。口腔ケア一つをとっても、きちんとやり切ることで、ステップアップにつながる。看護師は患者の全身管理をきちんとしなければならない。当然、それぞれの部署への要求も増えていく。

柱と決めたものに対しては「研ぎ澄ます」ことを忘れてはならない。病院も一般企業と同じ組織。提案や議論は大いに推奨しているが、最終決定に従い行動（仕事）することが強く求められている。

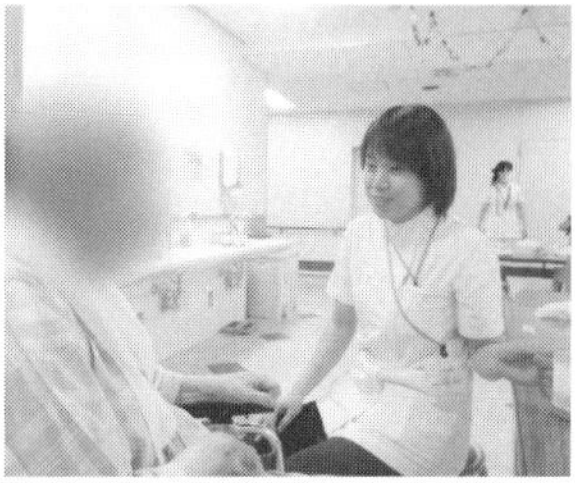
摂食嚥下訓練

◆24時間生活リハビリテーション実践

回復期リハビリ病棟で行う脳血管障害のリハビリは、1日3時間までと診療報酬で決められている。この3時間のリハビリで、患者本人や家族と十分に話し合って到達目標を設定する。医師や看護師などと連携し、理学療法士・作業療法士・言語聴覚士が、一人ひとりに合ったリハビリを体調や状態なども考慮しながら集中的に行っている。

1日の残りの21時間についても、院内のさまざまな専門職が連携して患者の生活を支えている。退院までの病棟生活をどのように送ってもらうか、残った機能で何ができるかを多職種のチームで話し合い、看護師や介護士がそれらを共有しながら関わっていく。

生活スタイルを考慮し、温かい飲み物を飲んで寝る人、夜も歩いてトイレに行く人、朝はラジオ体操をする人など、自宅での生活につながる24時間のリハビリを行っている。患者がその人らしく生きるための生活リハビリの実践である。

サービス付高齢者向け住宅を開設

最初のころ「どこに強みがあるの」と厳しく指摘された人から、評価の声をもらった。これほどうれしく、自信になったことはありません。

だが、現状に満足しては成長が止まる。2015（平成27）年ごろから、少しずつ不安が頭をもたげるようになった。実質、常に「入院待ち」の状態だったのが、入院患者に対する国の在宅志向の施策や労働力不足の影響もあり、徐々に成長が鈍化してきたのだ。

このまま成長が鈍化して、採用コスト等が膨らみ続けると、数年すれば診療報酬の改定と相まって、再び苦境に立たされることになる。それは質の低下を招きかねない。一般企業とは異なり、こちらで単価を決めることができず、患者数にも上限があるため、立て直しは難しくなります。

訪問事業にも力を注いでいるが、広島市内などの市街地に比べて、人家が点在している周辺部では効率が悪い。だが、高齢者の多い地域だからこそ、訪問看護・介護や訪問リハビリの継続は重要である。

2015（平成27）年、サービス付高齢者向け住宅「さくらす大野」を開設した。この地区では、高齢化が進む中、在宅生活を送る上で困っている人が多い。病院に行

さくらす大野（サ高住）

くのが困難な高齢者も多い。今後もサービス付高齢者向け住宅のニーズは高まると予想する。

◆「すまいる入院セット」を提供

さらに２００７（平成19）年、「メディカルサービス明和」の代表に就任し、福祉用具の販売・貸与事業をスタートした。高齢社会の到来により、質の高い医療・介護サービスに対する期待が高まるなか、病院や介護施設などの運営経験を生かし、高齢者に対して、自宅で安心して快適に過ごしてほしいとの強い思いからである。

また、患者には病気の治療や療養に、家族にはお見舞いに、病院には患者への対応に専念してもらえるように、手ぶらで入院でき、入院中の洗濯や日用品の補充等を代行する「すまいる入院セット」を開始し、西日本各地に拠点をかまえ展開している。

すまいる入院セット

◆「口腔ケアマスター」などの制度を発足

大野浦病院への志望動機を聞くと、医療従事者として、充実している摂食嚥下など食事ケア・口腔ケアに魅力を感じていることが分かる。さらに、多職種で患者一人ひとりを支える際、院内の雰囲気の良さを指摘する声も多い。

2011（平成23）年に介護職員を対象とした独自の認定資格「口腔ケアマスター」制度を発足させた。現在20人の取得者がいる。ほかにも「接遇マスター」「認知症ケアマスター」の制度もあり、近く「排泄ケアマスター」も始める。なかには3つの認定資格を持っている職員もいる。資格を取ると給料にも反映される。

それぞれの認定資格に関する知識・技術を座学と実学で勉強してもらう。院内で約3か月の研修を受けた後、試験は実技と筆記があり、筆

口腔ケアセミナー

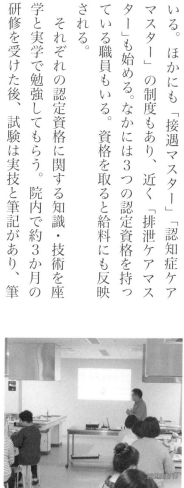

記問題は院内で作成している。合格率は平均50％の難関である。

これも一つの仕掛けです。年2回の試験に、なるべく多くの人に手をあげてもらいたい。例え、試験には落ちても、それぞれの技術は確実に上がっていくはず。チャレンジを通じて仕事だけでなく、人生を豊かにとの願いもあります。

「コンピテンシー」を管理者育成に生かす

コンピテンシーとは「高い業績・成果につながる行動特性」のこと。例えば、ある特定の業務において、高い業績や成果を出している人がいる。その場合、その高い業績や成果を出している人には、何か業績や成果を出す理由があるというわけだ。そして、その理由に当たる部分が、行動特性でありコンピテンシーなのである。

このコンピテンシーを、管理者育成に生かす取り組みを始めている。これまでのマネージメントを体系化して、病院全体としての質と業績を高めようとしているのだ。

この間いろいろと広げていたものを凝縮して、整理する時期にあると思う。マネージャークラスの成長は非常に大切。私がいくら力説してマネージャーたちに伝えても、伝言をくり返す過程・時間で徐々に温度（熱意）は下がってしまい、その真意が正確に伝わらなくなる。徹底的に議論して方向性を導き出し、組織の改編を繰り返しながら、スタッフが一丸となって取り組み続けていきたい。17年前のスポイトの一滴は、大野浦マインドとしてスタッフに浸透している。

「安全・安心・快適」の3階建てサービス

専門職として最新技術を身に付けることで安全を確保し、接遇マナーを磨いて患者に安心を与え、個別ケアを実践することで快適を提供する。この「安全・安心・快適」の3階建てサービスの提供に努め、ホスピタリティの精神を常に意識し、地域で必要とされる「地域一番」の病院を目指している。

大野浦病院の歴史

1994年	「大野浦病院」開設。
2000年	指定介護療養型医療施設に転換。 「医療法人社団　明和会」を設立。
2001年	「大野浦病院居宅介護支援事業所」開設。
2003年	認知症対応型共同生活介護「ラ・メール大野」開設。 「重度認知症患者デイ・ケア」開設。
2006年	「訪問リハビリテーション」開始、「訪問看護」開始。 久保隆政氏が2代目会長に就任。
2007年	「メディカルサービス明和」代表取締役に就任。
2008年	回復期リハビリテーション病棟開設。
2013年	「通所リハビリテーション」開始。
2015年	サービス付高齢者住宅「さくらす大野」開設。 「訪問診療」開始。
2016年	訪問看護ステーション「さくら」開設。
2018年	介護療養病床を医療療養病床に転換。

施設概要

医療法人社団明和会　大野浦病院

所在地	〒739-0452 廿日市市丸石2-3-35
TEL	0829-54-2426
HP	http://www.onoura.or.jp/
開院	1994年7月
代表者	会長　久保隆政　　理事長　曽根 喬
診療科目	総合内科・消化器内科・循環器内科・脳神経内科・脳神経外科・整形外科・リハビリテーション科
総病床数	120床（一般病床29床、療養型病床91床）
職員数	200人
主な事業内容	大野浦病院（医療療養病棟・回復期リハビリテーション病棟）、認知症対応型共同生活介護、訪問リハビリ、訪問介護、訪問診療、サービス付高齢者向け住宅、メディカルサービス明和、通所リハビリ、通所介護、訪問看護、居宅介護支援事業所

カーポート佐々木（佐々木輪店）

カーライフプランナー事業

佐々木《ささき》 正知《まさのり》

代表取締役社長

原点は「人とのつき合い」今でも最も大切にしている。

当社の使命

喜びのカーライフをお届けする
笑顔と感謝の心でお役立ち‼

人間にライフサイクルがあるように、クルマにもライフサイクルがあります。だから、お互いが素敵なおつき合いができるように、可能な限りあらゆるサポートをしていく。それを、私たちは「カーライフプランナー」と呼んでいます。そのカーライフプランナーとしての仕事を全うすることこそ、私たちカーポート佐々木のモットーなのです。私たちの仕事は、単にクルマを売ることではなく、「車を通した仕事の中で私たちの使命を果たすことと、確信しています」

本社府中店

profile **佐々木 正知**

1962年府中市生まれ。3人兄弟の次男。府中高校、関西学院大学。中学、高校とも野球部。高校3年のときには県ベスト16。1985年、東京の総合化学繊維メーカー「東レ」に入社し、希望していたカーボンファイバーの配属になった。3年半勤務の後、退社。地元に戻って「洋服の青山」で半年間修業。1989年、結婚とともに「カーポート佐々木」に入社。洗車など一から学ぶ。2005年社長に就任。

社員全員が出演しCMづくり

毎週土曜の夜、RCCテレビで放映されている「新・情報7daysニュースキャスター」後の「天気予報」。その「天気予報」が以前から気になって仕方がなかった。多くの社員が本当に楽しそうに、自社の紹介のため出演していたからだ。会長から社長、管理職、そして新入社員までである。

――このCMを作ってから、街で知らない人からもよく声をかけられるようになりました。とにかくみんな楽しんでいます。――

今のCMは3代目という。1回につき2つのパターンがあり、計6本になる。会社のことを知ってもらうために、「何ができるか？　何が売りか？」と考えた。車そのものについては、他のディーラーとそんなには変わらない。車の宣伝ではなく…それは「社員の働く姿だ」

笑顔で働いている社員の姿こそ、我が社の最高の商品だと思った。チャンネルを変えられる心配もある。そこでユニークなものにしようと。社員全員に登場してもらうことにしました。何事も全社員が協力しながら、対応することが一番大切と考えたからです。

始まりは新市運送店と自転車販売店

府中市の国道沿いの本社を訪問して、最初に目に飛び込んできたのは「販売台数日本一」の看板。スズキの「軽」自動車の年間販売実績が全国第1位という。どうして全国一の売り上げを誇っているのか。

それを解き明かすために、「佐々木輪店」（カーポート佐々木グループ）の歴史を見てみる。カーポート佐々木グループは、佐々木正知社長の曽祖父にあたる政太郎氏が１９２１（大正10）年、新市運送店と自転車販売店を営業していたことから始まる。当時の貨物業は主として材木の運送で、神石郡（現・神石高原町）から馬車で新市駅まで運び出された材木を貨物列車に積み込んで、広島・大阪方面に送っていた。

一方、自転車はすべて木製車輪の輸入自転車を販売。1925（昭和元）年に、2代目の祖父・俊三氏が自転車店のみを引き継いで「佐々木輪店」として正式にスタートした。

スズキフロンテ福山販売／カーポート佐々木福山店

創業期は、すべての仕事は人からの紹介でした。紹介者の顔をつぶさないように、何ごとも一生懸命だったことが、次の仕事につながったと聞いています。今でも最も大切にしている「人とのつき合い」の原点は、ここから始まっていたと思います。

◆度重なる洪水などの逆境を乗り越えて

終戦直後の動乱期、売るモノがない。売ろうとしても、誰もかれも貧困に喘いでいる。そんな状況に追い討ちをかけたのが芦田川の氾濫だった。1945（昭和20）年9月の大水害では多くの犠牲者が出た。お世話なっている地元の人たちのために家族総出で、トロッコで土を運んだりして堤防修復などの復興に努めたという。

この先どうなるのだろう。不安に苛まれていたこの時期、助けていただいた。それは一緒に復旧作業をしていた地元の人たちからのご紹介だった。

1961（昭和36）年、佐々木輪店を設立。日本のモータリゼーションの到来を早くから予見し、販売設備の拡大、整備工場の建築、中古車展示場の開設など矢継ぎ早に設備を拡大した。原点である「人と人とのおつき合い」を忘れることなく、「感謝の精神」「お役立ちの精神」を持って仕事を行うことを、社員に対して徹底して説き続けた。

その後、スズキフロンテ福山販売の開設、両備三菱自動車販売の設立での新車ディーラー権の取得、中古カー用品アップガレージ、輸入車事業（ルノー福山）、軽未使用車専門店キュートのオープンによって、「カーポート佐々木グループ」全体によるカーライフプランナー機能をさらに高めている。

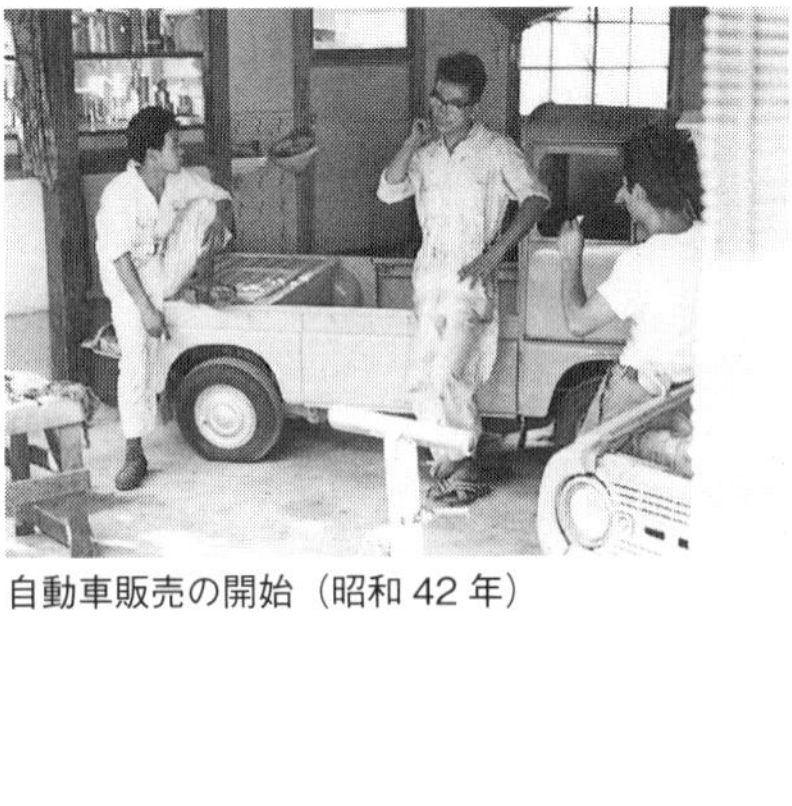
自動車販売の開始（昭和42年）

「洋服の青山」で半年間修業

佐々木社長は、大学卒業後、総合化学繊維メーカーに就職。その後、「カーポート佐々木」を引き継ぐことを念頭に退職した。

そして父の萬二会長と旧知の仲だった青山商事の青山五郎氏（当時社長）に預けられる形で、「洋服の青山」に入社。現場の大切さはもとより、経営の難しさなど多くを学んだ。

青山イズムというのでしょうか。青山社長は、会議ではしゃべり続けていました。とにかく暗算がすごい。計算がすごい。粗利などもすぐにはじき出した。当時は、どんどん出店していた時代で、店長が足りない。トップが直接伝える大切さを学びました。超トップダウンの良い面と悪い面の両面を間近で見ることができました。そのことが今の私の経営にも生かされていると思います。

父が保証人になり倒産の危機も

佐々木社長が入社したのは１９８９（平成元）年。元号が新しくなったときで、結婚と同時だった。その２年後、会社は倒産の危機を迎えた。当時のことを鮮明に覚えているという。

萬二会長が知り合いの保証人となっていたが、その知り合いが倒産したのである。銀行や取引先から信用を不安視されることも幾度かあった。

5月の始め、家族旅行のときに父と母が正座して泣きながら「全部なくなった」と。その後、奇跡的に裁判には勝ったが、我が家の家訓に「金銭の保証人には絶対ならぬ事」が加わった。

◆反対を押し切って「車検のコバック」参入

入社後、最初にしたのは洗車の仕事だった。売り出しのイベントをしかけたこともあったが、うまくいかなかった。当時の社員数は40人、現在の138人と比べてこぢんまりしていた。だが、みんなの意見を取り入れながら進めることの難しさも実感していた。

一つの契機は、「車検のコバック」との契約だった。1994（平成6）年、常務になったころだった。当時の車検は1週間程度かかるのが当たり前だった。車検が済んだ直後なのに、「エンジンがかからない」との苦情もあった。

車検のときに、お客の自宅や会社まで車を取りに行くのが常識だった。来店してもらう方法は、ほぼ全社員が反対だった。ましてや、朝出して夕方に車検ができることなど、考えられないとの意見だった。

価格も安いし、現場は猛反対。みんな、やりたくない理由をあげていましたね。そこで、先行して導入していた高松や岡山に見学に行き、自分と同じ考えの仲間を増やしていった。

導入には成功した。車検日数を短縮できたのは、車検に対する考え方を変えたからだ。規制改革によって、点検項目が「120」から大幅に減ったことも一因。スチーム洗車も取りやめた。スチーム洗車では、さび止め剤を吹くのに時間がかかった。リフトを挙げて、車体下部を洗浄、乾かすのに時間がかかっていた。乾かさないと、さび止めができないからだ。

また、これまでは陸運局まで出かけて、車検が済んだという新しい検査証とステッカーを貼って納車していたが、今では当たり前となっている仮のステッカーを貼って、正式なものは郵送し、お客に貼ってもらう方式に変えた。お客からは、絶大な支持や信頼を得られたが、同業他社からは叩かれた。当時、同業者の会からは追放の宣告も受けていた。

お客さまも私たちも、少しずつ発想を変えていった。それは決して整備の手を抜くのではない。1台当たりの車検料金は減るが、台数を多くすればいい。その際に大切なのは、チームプレー。多くの社員を巻き込んで、意思統一することが重要です。

◆「中国地方経営品質賞」を受賞

もう一つ力を入れたことがある。まもなく創業100周年を迎える「カーポート佐々木」の社長に、佐々木正知氏が就任したのは2005（平成17）年のことである。

社長就任前、素晴らしい経営をしている会社に対して贈られる「日本経営品質賞」の存在を知った。この賞を取るのに必要なのは、次のような『理念』だった。

「お客様本位」であること、「社員重視」であること、「独自能力」があること、そして「社会との調和」が保たれていること。これを大切にしながら、しかもバランスよくすることが求められている。
この賞を受賞したリコーの責任者が広島に来たときに、話を聞きに出かけた。それからほどなくした2006(平成18)年度、「中国地方経営品質賞」を受賞できた。
評価されたのは、お客との絆づくりであった。困りごと相談に応じ、「事故対応」として30分以内に駆け付けることを目標にした。自動車保険などの保険資格を全社員で取得した。通常は営業マンだけが持っているケースが多いが、全社員まで広げた。

我が社では入社したら、みんなが保険資格を取るようにしています。メカニックや事務所職員まで含めて全員です。全員で物ごとにあたるという、我が社の「文化」の象徴かもしれません。

「総合力の発揮」も重要である。車検から販売までのワンストップショッピングを目指している。さらに、技術力、提案力の維持・強化も図り、そのための勉強会を積極的に行っている。そうしたことが信頼・尊敬される社員の育成につながると確信している。

◆「環境整備」による社内改革

掃除を使った「教育」にも力を入れている。決められた場所を、決められた人が、決められた時間にする、ということだ。

清掃の場所は常に変わる。例えば、部屋の床のどの部分を清掃したのかを細かくチェック。誰もが分かりやすいようなチェックシートを使っている。掲示物も四隅がきちんと留められているかチェック。「たかが掃除、されど掃除」なのである。

やらされている感があるうちはうまくいかない。イヤイヤではダメなのです。納得して行うことが大切。通常の仕事をストップして、清掃だけの日も設けています。そのときはできるだけ早く済ませて、飲ミニケーションを図っていますが……。

単なる清掃だけなく、環境整備にも力を入れている。道具などの置き場所、個数を徹底管理している。だから、他の会社とは異なり、整備工場を「ショールー

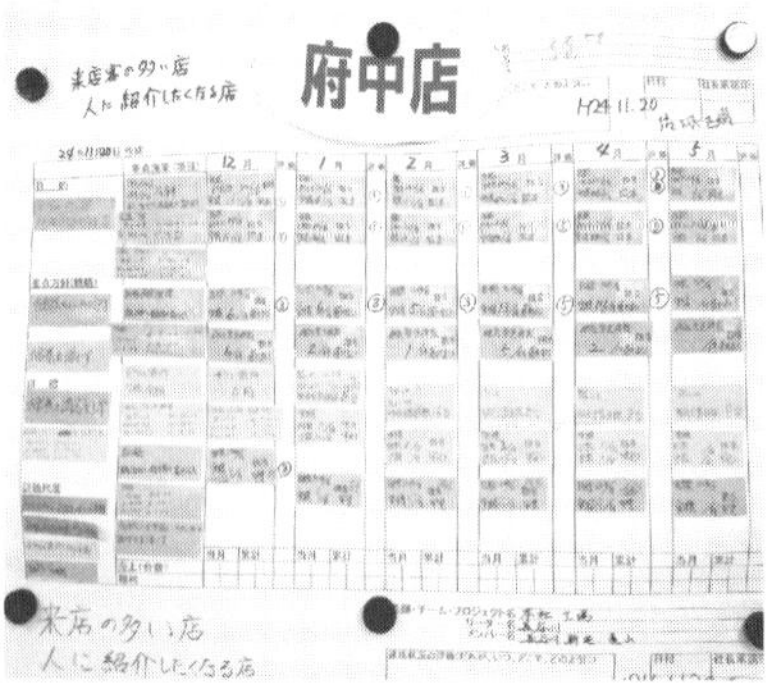

実行計画書（チェックシート）

ム」と考えている。工場は汚いイメージがあるが、ここは違う。整備部品を元の位置に戻して置かないと、すぐに指摘される。部品は写真付きで「定位置管理」されている。

このような環境整備に限らず、「何をどう整理するか」など半年分の計画を部門ごとにつくり、見える場所に掲示しておく。その際、自分たちで目標を決めることがモチベーションを高める上でも重要である。

◆サンクスカードで人間性向上目指す

社内のチーム活動も盛んである。環境チーム、サンクスチーム、リフレッシュチーム、アイパッド活用チームなどさまざま。各店舗が社内の「縦軸」とするなら、これらのチームは「横軸」である。年1回、チームの異動は「ドラフト」で決める。

社員からのメッセージ

藤井 央也 さん

インターシップでの言葉が転機に

入社8年目になります。6月から車検のコバック福山店の店長代理になり、10月から店長をしています。店長になると、車検のほか、一般修理、さらには店長業務も重なるので大変ですが、やりがいも感じます。部下は9人、私より年上の方もいます。店内でコミュニケーションを取るのに苦労しています。

福山商業の2年生のときに、インターンシップで「カーポート佐々木」でお世話になりました。そのとき、何となく整備士になりたいと……。担当者から「資格を取ってから、うちに戻っておいで。待っていますから」と言われました。

職業訓練校を卒業して、説明会を聞きに行ったとき、そのまま面接をさせてもらい、無事採用されました。インターンシップのときの言葉がなかったら、違った人生になっていたと思います。職業訓練校の同期は20人で、それぞれが違った会社に入りましたが、その中で今も同じ会社で働いているのは私を入れて4人です。

若いスタッフも多く、社内の雰囲気はものすごくいいです。バーベキュー大会などイベントもたくさんあります。自由で楽しく、思っていることを言える社風です。いろいろな提案も積極的に検討してもらえます。それだけに、充実感を味わえる職場だと思います。

「サンクスカード」とは、社員同士による社員間のカードである。相手への感謝を込めて、社内で送り合う。月平均２０００枚にもなる。

社員が１３８人だから、平均すれば1人10枚以上となる。名前も添える。「ありがとう」と言える社内風土をつくりたいと導入した。内容は掲示され、可視化もされる。その中から「ナイスサンクスカード」も選ばれる。

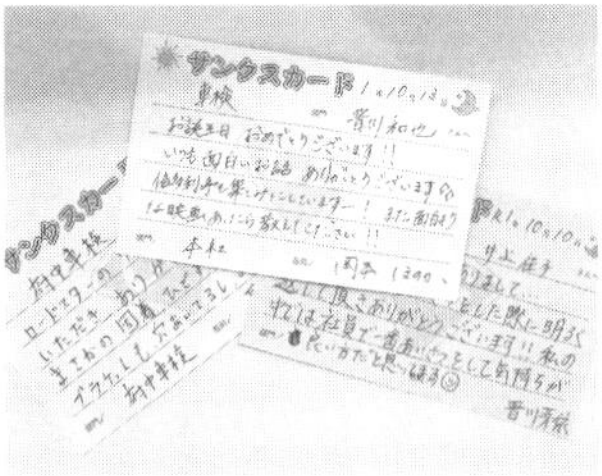

サンクスカード

全然書かないなと思った社員は、何がしかの悩みを抱えているケースもある。早く気が付かなかったばかりに、かつては辞めていったこともありました。些細なことですが、社員の成長と幸せづくりに多少なりとも役立っているのではと思います。

公式でスケジュール化された「社長との飲み会」や、社長も出席できない「女子会」も開催。産休を含めて計38人の女子が交流を図っている。また、土日の休みが取りにくい環境だが、子どもの運動会への参加者には1回５０００円を支給する。また、社員への誕生日プレゼントや、毎年の結婚記念日のお祝い金の贈呈など、家族サービスを応援している。

5つのカーライフプランナー事業

「カーポート佐々木グループ」では、カーライフプランナーとして5つの事業がある。①スズキ車を中心に国産全メーカーとルノー車を始めとした輸入車各メーカーの新車・中古車の取り扱い、②リーズナブルで丁寧確実な車検を始めとした整備、③不要になった部品の高価買取りと必要な部品のリーズナブルな提供、④自動車整備工場完備によるメンテナンス板金、⑤ニーズにあった提案ができる保険代理業である。

今後の取り組みとして鈑金工場の設立をあげる。実験工場として2019(平成31)年5月に作った。さらに大きな夢としてメカニック社員の海外派遣も考えている。国際化を念頭に入れながら検討する。また、経営学校の設立やオリジナル車の製造・販売も視野に入れる。ガソリン車に比べ、電気自動車は部品数が圧倒的に少なく、コンパクトな「軽」サイズの電気自動車の市場は増えると予想されるからだ。

さらなる100年を目指して

スズキ、ダイハツは軽自動車の占める割合が高い。「カーポート佐々木」グループでは2018年度、スズキの軽四販売台数が日本一になった。メーカー側が実数を公表していないが、6年ぶりの日本一という。この日本一で「V18」である。

事故対応と超地域密着が、実績をあげる要因である。店舗数は現在6店。営業マンは携帯などで、随時お客とつながっている。

振り返ってみれば、私どもの事業は常に「人」と「地域」との密接なつながりとともにありました。お客さまに満足していただくため、ご要望にお応えするため、それを第一に考えてきた結果といえます。

カーライフプランナーとは、常にお客の視点に立ち、現在に、そして未来に必要なモノやコトをいち早く、そして過不足なくお届けすること。これからも、創業100年事業に向けて、顧客満足度の向上とともに事業基盤の強化を図り、より一層の飛躍を目指している。

さらなる『100年後』のビジョン

「世界でいちばん幸福な会社（組織）」

「人と乗り物を通して、低エネルギー・エコ社会に貢献する」

自動運転・ドローン・ロボット・宇宙ドライブなどのビジネスに挑戦していく

キュート福山店のメンバー

府中店のメンバー

カーポート佐々木の歴史

1921年	初代の佐々木政太郎氏が新市運送店と自転車販売店を創業。
1925年	2代目の佐々木俊三氏が自転車店だけ引き継いで「佐々木輪店」としてスタート。
1950年	3代目の佐々木萬二氏が受け継ぐ。
1961年	株式会社「佐々木輪店」に改組。
1966年	現在地に店舗工場を新築。
1970年	スズキフロンテ福山販売株式会社を設立。
1980年	両備三菱自動車販売株式会社を設立。
1996年	車検のコバック福山工場を設立。
2005年	4代目の佐々木正知氏が社長に就任。
2018年	スズキ軽四「販売台数日本一」連続受賞(2018年度)「V18」。
2019年	鈑金工場を設立。

会社概要

カーポート佐々木(株式会社佐々木輪店)

所在地	本社府中店:〒726-0012 府中市中須町63-4 福　山　店:〒721-0942 福山市引野町5-29-9 福 山 南 店:〒721-0958 福山市西新涯町2-18-5 キュート福山店:〒721-0974 福山市東深津町3-19-30 ダイハツ カーポート佐々木:〒726-0012 府中市中須町62-1 アップガレージ姫路店:〒372-8040 兵庫県姫路市飾磨区野田町126 アップガレージ神戸西店:〒651-2113 神戸市西区伊川谷町有瀬1457-1
TEL	本社府中店 0847-52-3505
HP	http://www.carport-sasaki.com/
設立	1961年
創業	1921年
資本金	8,000万円
代表者	代表取締役社長　佐々木正知
従業員数	138人(グループ)
主な事業内容	自動車販売、車検部門、中古パーツ部門、メンテナンス部門、保険部門、鈑金部門

医療機器販売

ジェイ・シー・ティ

林《はやし》 俊平《しゅんぺい》

代表取締役会長（CEO）

日進月歩に発展する医療機器。
安全に使用してもらうことこそ、
我が社の使命。

理　念

先進医療機器の導入をとおし、現代医学とともに前進

企業理念

私たちは、循環器分野を中心として、低侵襲治療を可能にする最先端医療機器を提供するとともに、それらの医療機器が安全に使用されるよう、常日頃から知識の習得に励み、医療の安全性の確保と患者様の早期回復及びハイクオリティ・オブ・ライフの実現に貢献いたします。

さらに、お客様（患者様・病院様・医療従事者様）の立場に立って企業活動を行い、持てる能力の全てを発揮し、お客様とともに発展している会社であるよう努めます。

行動理念

・医療機器の長所短所を含めた正確な情報を積極的に提供することによって、医療事故防止に努めます。

・常に新商品の情報収集を心がけ、安全で低侵襲な医療機器を広域的に提供できる会社であり続けます。

・医療機器の人体の安全に係わる情報は、最優先でアナウンスします。

・社員研修によって高度な営業技術の習得を図り、問題解決・提案型の営業をめざします。

・社員一人一人の役割を明確にし、相互扶助の下、生き生きと活動できる企業風土の醸成をめざします。

・積極的な失敗には寛容な姿勢で臨みます。

・全ての企業活動を法律や企業倫理または業界規範に則って行います。

広島本社　外観

profile **林 俊平**

1944年北九州市生まれ。地元の県立高校を卒業後、広島市に本社があった広島血液銀行に入社。10年間務めた後、輸血セットなどを生産していた「日本メディカルサプライ」(JMSの前身)に入社。1992年まで両社合わせて31年間勤務。同年、医療機器の販売を目的として会社を設立。以来、全国11拠点に支店・営業所を持つ会社に発展。2019年7月に社長を息子の林俊之氏に譲り、現在は代表取締役会長(CEO)。

医療機器を扱う「専門的な技術者集団」

静まり返った深夜、突如サイレンの音が鳴り響く。心臓疾患の患者を乗せた救急車が緊急手術のために病院に搬送されようとしているのだ。その場合、一刻も早い治療が必要となるため、ドクターなど医療従事者の速やかな処置が行われる。しかし、治療に必要なのはドクターだけではない。ドクターが使用するさまざまな医療機器・材料が必要になるのだ。それらの医療機器が安全に使用されるために、医療現場を影で支える技術者集団がいる。医療機器販売業を手掛けるジェイ・シー・ティもその一つだ。

医療機器を安全に使用してもらうために「専門的な技術者集団」をつくること。それが会社を創業したきっかけです。そのため、我が社の方針として、日頃から社員教育を熱心に行っています。

今では心臓領域の医療機器の販売では全国的にも名を知られるようになった

「ＪＣＴ」。創業28年目の２０１９（令和元）年７月には会社の若返りを図る意味も込めて、社長の座を降りて会長職になった。順風満帆な人生と思えるが、高校を卒業して約半世紀は、紆余曲折の人生だった。創業者の林俊平氏は当時を振り返りながら真剣な眼差しでそう語る。

地元を離れ「医療の世界」に飛び込む

会長は北九州市の県立高校を卒業後、１９６２（昭和37）年、「広島血液銀行」に入社した。高卒の同期は41人だった。血液銀行とは、患者・医療機関と献血者の間に立って輸血用血液を保存・管理し、必要に応じて供給することを目的とした施設である。

同期41人のうち11人は北九州から入社した。広島で共同生活をしながら研修を受けて全国の配属先が決定した。地元配属となる同期が大半で、広島に残るのは会長を含めて２人だけであった。会社は会長を見込んだのであろうが、自身は地元に帰りたいばかりだったという。

福岡に戻りたいという気持ちを察した上司から「行きは汽車だったが、帰りは飛行機に乗せてやるから頑張れ」と伝えられて広島での活躍を期待されました。高校生のときは地元銀行への就職をぼんやりと考えていたのに、全然違う「銀行」に入ってしまいました。

そして日本血液銀行に入社して11年目のときに、地元・九州に帰りたいという理由から会社を辞めようと考えた。当時の経営者である土谷太郎氏に相談しようとしたところ、病院に呼び出された。病院を訪ねると土谷太郎氏は驚きの言葉を口にした。退職して地元に帰るのではなく、系列会社で輸血セットや注射針を国内で生産していた「日本メディカルサプライ」（ＪＭＳの前身）に入社しないかと打診されたのだ。まさに青天のへきれきだった。

熱心な説得に応じた会長は、故郷へ帰るのをやめ、日本メディカルサプライで仕事をすることにした。大野工場の勤務を経て、広島営業所に配属。日本メディカルサプライは、当時起こっていた輸血による発熱などの副作用を防止する研究を進めていた。日本では依然ガラス製の医療機器を消毒して繰り返し使用していたのに対し、アメリカでは既にプラスチック製品による医療機器の使い捨て化が進んでいることに注目するなどして、売り上げを伸ばしていた。

配属された広島営業所の管轄は中国・四国・九州地区。会長はこの広い範囲の病院を1人で担当していた。今までになく革新的な医療機器であったため、当時は大体の病院が受け入れてくれたというが、医療機器販売経験のなかった会長にとっては、すべてが初めての経験であり、毎日が勉強だった。気の遠くなるような業務量だったが、この経験が後の開業時に大いに生かせたという。

◆──「専門的な技術集団」の重要性を痛感し、独立を決意

当時は消耗品や透析など、さまざまな領域の医療機器を担当していたが、その中でも特に、心臓血管外科領域を中心とした医療機器を扱うことは、自身の成長を感じることはもちろん、患者の命を救う手助けをしているという実感が強くあった。

また、時期を同じくして、「臨床工学技士」の国家資格が制定され、一期生として資格を取得した。高度な医療技術の進歩に伴い、医療機器の高度化・複雑化

が一層進む中、さらに高い専門知識が必要となったためである。臨床工学技士とは、ドクターや看護師などとともに医療機器を熟知し、それらが安全に動くようにサポートをするスタッフである。

創業当時の会長

現場でやりがいを感じる一方で、心臓血管外科領域においても、より高い専門知識と技術力を習得した「専門的な技術集団」の重要性を痛感し、独立して開業することを決意した。創業当初は手探りで始めた会社であったが、今までお世話になっていた医療関係者が快く相談に乗ってくれたり、培ってきた人脈を活用したりと、順調に経営者への道を歩んでいった。

当時は気持ちだけで、経営に関して何も分からないまま創業しました。今思うと恐ろしいことですが、医療業界には

——長年深く関わっており、人間関係にも恵まれていたので、失敗のことはあまり考えませんでした。——

ＪＭＳ時代の部下から「私たちも一緒に働きたい」と言われ、７人が同時にＪＭＳを退社し、一緒に働くことになった。今も会長とともにＪＣＴを支え続けている。開業から２年後には、東京と京都に営業所を開設するなど順調に業績を伸ばしていった。現在では、社員１３１人、全国に11拠点を持つ、大きな組織へと成長している。

◆心臓血管外科領域に特化した医療機器販売で取引先を拡大

当時の医療機器業界は、一般消耗品、透析、手術器械など複数の領域を扱う会社が一般的だった。その中でＪＣＴは、成長が見込まれていた心臓血管外科領域に特化した機器販売を実施することで、この領域に関する専門知識を深めていった。その結果、心臓血管外科領域における「専門的な技術集団」としての地位を確立し、多くのドクターから信頼を得ることに成功したのだ。

ＪＣＴが多くのドクターから信頼を得られている理由の一つが、ドクターとのコミュニケーションだ。心臓血管外科領域では、患者の身体の大きさや血管の太さによって、使用する機器の種類や大きさを使い分ける必要がある。取り扱いが複雑な医療機器は、手術中にドクターから質問を受けることもある。医療現場ではミスが許されない。ＪＣＴの社員は普段から自分たちが扱う機器の知識を深め、ドクターにそれを正しく伝えるコミュニケーション力を磨いているのだ。

◆社員の知識向上が会社の要

ペースメーカ認定資格であるＣＤＲ認定制度や、医療機器情報コミュニケータ（ＭＤＩＣ）の資格取得を推進しています。社員は循環器系医療機器に対する高度な専門知識を持っており、その結果、医療従事者の皆さまから高い評価と信頼をもらっています。

会長は、「自分の親兄弟が、これらの商品を使う気持ちで、日々の仕事をしな

さい」と社員に伝えている。患者の命を預かる医療現場において、販売する医療機器は社員が自信を持って勧められるものでないといけない。そのため、扱う医療機器に対する専門知識にはこだわっている。ドクターに信頼して医療機器を使用してもらうためには、まず社員自身が販売する医療機器を誰よりも信頼する必要があるからだ。ＪＣＴでは社内やメーカー主催の勉強会のみならず、業界認定資格の取得も奨励している。実際にペースメーカを担当する営業員の半数以上がＣＤＲ認定を取得するなど、専門知識を深めている。

医療機器に関する知識だけでなく、関連法規、コンプライアンスなど、さまざまな知識を習得しています。

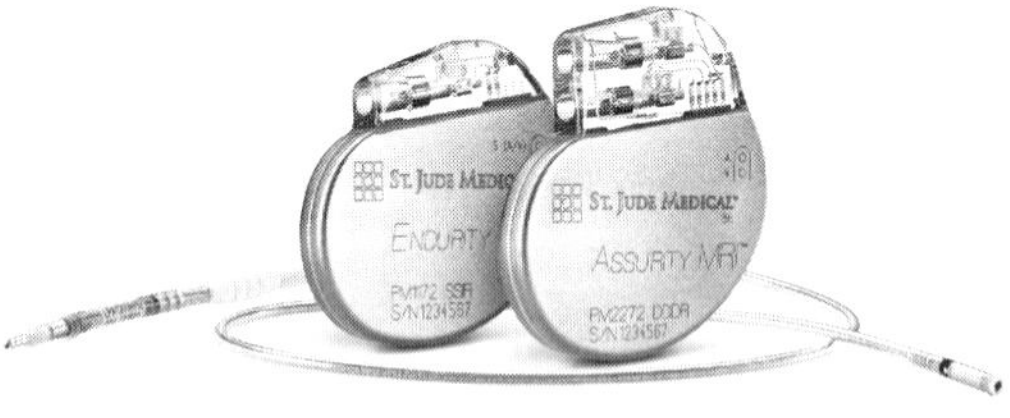

ペースメーカ（提供：アボットメディカルジャパン合同会社）

社員からのメッセージ

小森 裕貴 さん

何事にも挑戦させてくれる会社

６年前に入社しました。大学時代、医療関係に興味を持ち就職活動をしているとき、合同説明会でオペの立ち会いもしているとの説明を受けました。ふだん経験できないことに魅かれたのが志望の決め手でした。

入社後の基本研修の後に、先輩と一緒に公立の総合病院を担当しました。医療機器や医学の専門用語が飛び交う中、当初はまごつくこともありました。ドクターからの質問にも適切に返答できない経験もしました。間違った情報を伝えることは出来ないので、すぐに先輩に確認する習慣を付けました。ドクターの要望には、すぐに準備を整え、次の日にはカタログを揃え、時にはメーカーにも同行してもらい、少しずつ先生の信頼を得ることができるようになりました。

緊急手術などの対応で夜間に呼び出されることもあります。人工血管や人工心臓弁などを持参し、手術にも立ち会います。そのときはしんどいですが、手術が成功すると、この仕事をやっていて良かったと実感しました。

現在、新しい総合病院の担当となり、リーダーとして後輩もできたばかり。ドクターの外来日には必ず顔を出すようにしていますし、オペにも入っています。心臓領域に特化しているので、それを極めることもできます。また、率先して意見を出したら、それを受け止めて、何事にも挑戦させてくれる会社です。

「メーカー事業」への挑戦

ＪＣＴには「ディーラー事業」と「メーカー事業」がある。

ディーラー事業は、ペースメーカや人工血管、人工心臓弁、ステントグラフトなどの心臓血管外科領域における医療機器をメーカーから取り寄せる。しかし、患者の数や、症例数に限りがあるため、メーカー事業にも取り組んでいる。メーカー事業では心臓血管手術に用いられる鉗子《かんし》などを中心にさまざまな医

海外製品の勉強会

療機器を取り扱う。海外の既製品の輸入販売が中心だが、日本国内で医療機器として製造販売するには、ＪＣＴが厚生労働大臣の薬事承認を受ける必要がある。承認を受けると既製品でも、日本国内ではＪＣＴのオリジナル商品扱いとなる。

特に安全性の審査は厳しく、承認されるまでには多大な提出資料と時間を要するが、心臓血管関連の手術ではペースメーカ、カテーテル、人工血管といった高度な機器だけではなく、さまざまな周辺機器が必要となるため、これら周辺機器にはオリジナル商品のニーズがあると感じ取ったのだ。

◆──地域・国内メーカーとの連携で新しい分野のニーズに応える

２０１９（令和元）年８月１日の地元紙の紙面で、ある記事が紹介された。足の静脈がこぶ状に浮き出る「下肢静脈瘤《かしじょうみゃくりゅう》」の治療器を尾道市の「ユニタック社」が広島大学などと開発した。国産では初めてのもので、操作を一部自動化する「世界初」の仕組みである。

下肢静脈瘤は命に関わる病気ではないものの、放置すると皮膚炎や潰瘍《かいよう》につながるため早めの治療が必要である。年齢を重ねると発症しやすく、高齢化が進む中で治療体制の充実が求められていた。その治療器をJCTで販売を始めるというのだ。
JCTは10年前から「医療機器事業開発室」を設置していたが、本社の移転に伴って、小規模だった組織を本格的に拡大した。得意分野の心臓血管外科領域における輸入販売でのメーカー事業だけでなく、新しい分野への挑戦も地元メーカーと協力しながら行っているのだ。

ベビーヘルスケア製品に注目

全体からすれば、メーカー事業の売上割合は数%だが、新しい挑戦をすることが会社の発展には不可欠。なかでも、「Ａｉｄｅｅ（エイディー）」と呼ばれるベビーヘルスケア製品は従来の医療機関ではなく、一般消費者がターゲットです。

JCTは心臓血管外科領域の医療機器の販売を得意とし、海外製品の輸入販売や新しい医療領域への挑戦を行ってきたが、手術を行うことができる病院や症例数には限りがある。新しい顧客として、子育て世代の両親をメインターゲットとしてオリジナルブランドの展開を行っている。長年、医療機器を取り扱ってきた経験を生かし、安全・安心なベビーヘルスケア製品の提供を通して、病気や疾患に悩む赤ちゃん、子育てに頑張る両親の毎日をサポートしている。電動鼻水吸引器やこども用ＬＥＤ付電動歯ブラシ、ベビー用電動ネイルトリマーなどである。自社ブランドとして立ち上げ、インターネット販売を中心に力を入れている。

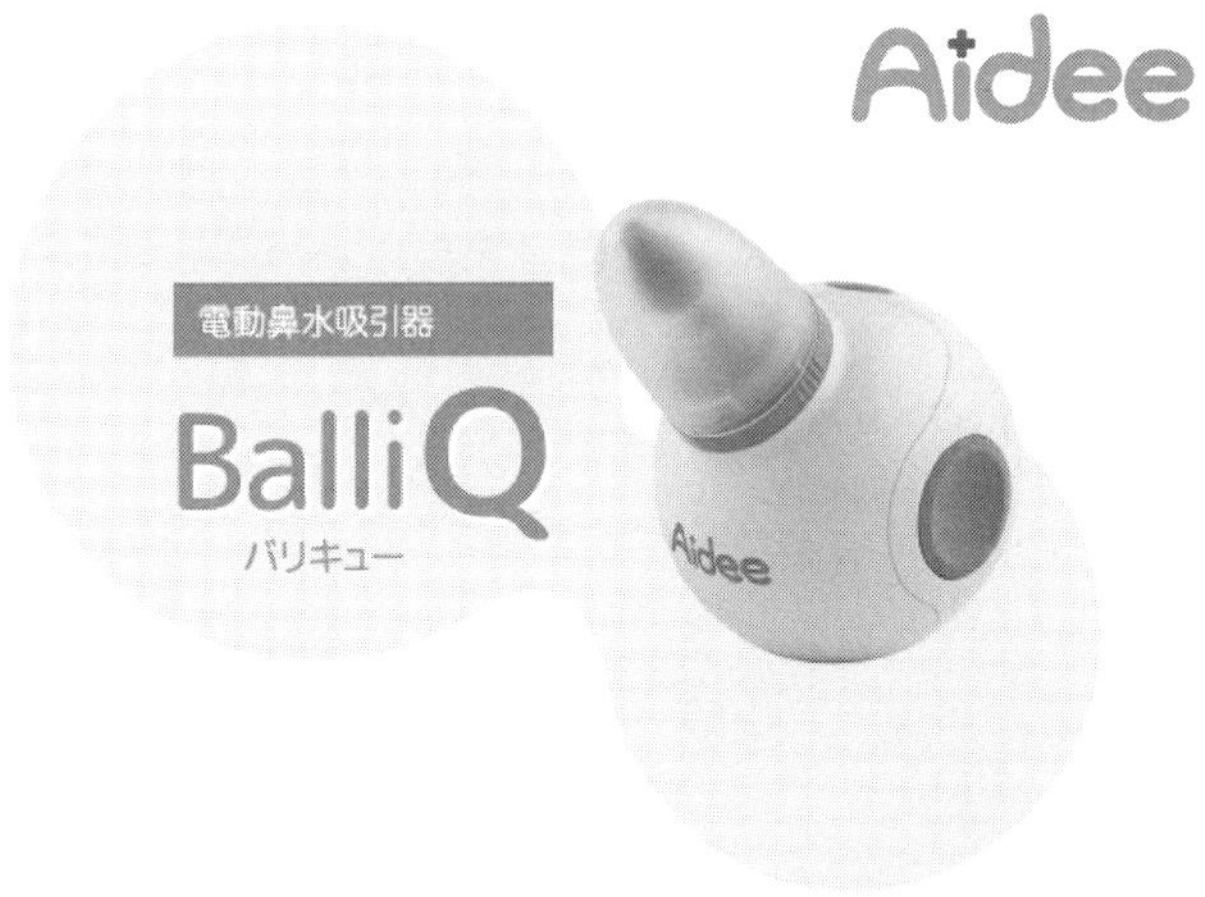

電動鼻水吸引器「BalliQ（バリキュー）」

◆創業時の誓いを忘れず、幅広いニーズに応える

日進月歩進化する医療機器により、助けられる命が増えただけでなく、低侵襲治療と呼ばれる身体にダメージの少ない治療が可能となっている。実際に患者を救うのは医療従事者であるが、円滑な治療を行うためには、そこに関わる医療機器販売業者の協力が欠かせない。高齢化社会を迎え、益々、医療業界に求められるニーズは増えている。命に関わるという重大な責任を負う仕事ではあるが、その分やりがいも大きい。

創業時の誓いをいつまでも忘れずに。
医療機器の効果効能はもちろんのこと、コンプライアンスを遵守し、禁忌事項や安全性情報を正確に提供する。これによって医療機器による事故を防ぎ、医療の安全性確保に貢献していきたい。

ＪＣＴでは、医療機器が安全に使用されることを使命として、業務へ取り組む姿勢は創業以来変わっていない。会長の信念に共感した社員が活躍し、広島で発足したＪＣＴは、現在、福島から熊本まで全国11拠点に支店・営業所を設け、一貫した管理体制のもとで、細部にわたる医療現場のフォロー、アフターケアなど万全な体制を敷き、迅速な対応をしている。

今後さらにネットワークを拡大し、信頼関係をより深いものにするために、技術力、知識力、情報力など付加価値を高め質の向上を図る。さらに、要求される医療ニーズに的確・迅速に対応できるよう、より高レベルの企業体制を目指して努力を続けている。

◆「世代交代」で活性化を進める

林会長に代わって社長に就任した息子の林俊之氏は、１９７０年生まれの49歳だ。コンピューターソフト開発などに長く関わってきた。これまで会長が築き上げてきた人脈やノウハウを引き継ぐとともに、組織力の強化も目指している。個々の力を強化するのは当然だが、組織全体の強化を図ることによって「１＋１」が

「3」にも「4」にもなると考える。

具体的には、組織マネジメントや部下育成向上のために、管理職の研修や教育に力を注ぎ、全体のレベルアップを図る。これまでは各々が得意な領域を担当し、個人プレーで補っていた部分を組織として、全社一丸となって戦うという。

「これまで各営業所が得意な分野で頑張ってきたが、ほかに誇れる部分は『水平展開』したい」と林社長。「水平展開」とは、既存の技術や知識などを他の分野や領域に対しても適用すること。事業拡大し事業所や取扱商品も増えてきた。その中には1つの事業所や、一社員の成功事例が全社で共有されていないケースもある。成功事例を全社で共有し、水平展開することが全国の医療現場のサポートに繋がると考えている。

医療業界に関わるということ

医療業界に長く関わってきた会長、社長が口を揃えて言うことが「医療業界の面白さ」である。医療機器の販売という仕事は、ドクターなどの医療従事者でなくても医療の世界に深く関わることができるのだ。もちろん、求められる知識量は多く、常に学ぶ姿勢が求められる。そして患者の命を救う手助けをするには緊急対応も必要となる。

しかし、その苦労が報われるほどのやりがいや、達成感があるのがＪＣＴで働くということなのだろう。得意分野での成長のみならず、会社として新しい挑戦で社員の成長を促し、医療を通じて社会貢献を行う「ＪＣＴ」にこれからも目が離せない。

ジェー・シー・ティの歴史

1992年	医療機器の販売を目的として、広島市中区榎町に会社を設立。
1994年	関東営業所開設(世田谷区)と関西営業所開設(長岡京市)。
1995年	九州営業所開設(北九州市)。
1999年	大阪営業所開設。
2000年	本社を広島市安佐南区西原に移転。
2002年	熊本営業所と高松営業所、山口営業所開設。
2003年	福岡営業所開設。
2004年	神奈川営業所開設(横浜市)。
2005年	福島営業所開設。
2006年	医療機器製造業を取得、第3種医療機器製造販売業を取得。福山営業所開設。
2008年	関東支店開設(横浜市)。ドイツ ジオメド社製品の販売を開始。
2009年	九州営業所と福岡営業所を統合して九州営業所として営業。 第1種医療機器製造販売業を取得。
2010年	フランス ペルーズ社製品の販売を開始。ポーランド ヒルメド社製品の販売を開始。
2012年	オーストリア AMI社製品の販売を開始。
2013年	ドイツ ハデウェー社製品の販売を開始。
2014年	北関東営業所開設(埼玉県坂戸市)。本社を広島市安佐南区祇園に移転。 韓国エムキューブ社製品選任製造販売業者に移行。
2019年	林俊平社長が代表取締役会長(CEO)に就任。 林俊之常務が代表取締役社長(COO)に就任。

会社概要

株式会社ジェイ・シー・ティ

所在地	本社：〒731-0138 広島市安佐南区祇園1-28-7 関東支店：〒224-0001 横浜市都筑区中川1-29-1 イイダビル4F 福島営業所：〒960-1101 福島県福島市大森字西ノ内88-2 パールヒルズ大森103 北関東営業所：〒350-0234 埼玉県坂戸市緑町21-21 大成ビル1F 関西営業所：〒617-0833 京都府長岡京市神足2-3-1 バンビオ1番館702 大阪営業所：〒532-0011 大阪市淀川区西中島5-7-19 第7新大阪ビル701 福山営業所：〒721-0973 福山市南蔵王町3-12-31 広島営業所：〒731-0138 広島市安佐南区祇園1-28-7 高松営業所：〒761-8071 香川県高松市伏石町2049-7 レイクウエストⅡ2F 九州営業所：〒805-0008 北九州市八幡東区枝光本町7-7 八幡ビルディング2F 熊本営業所：〒860-0041 熊本市中央区細工町1-51 スコーレビル2F
TEL	本社 082-850-3210
HP	http://www.jct-inc.jp
設立	1992年6月1日
資本金	2,000万円
代表者	代表取締役会長　林俊平
従業員数	131人(2019年4月現在)
主な事業内容	医療機器、理化学機器の販売並びに輸入販売（心臓関連商品、血管カテーテル類、体内埋め込み材料、内視鏡手術関連商品、人工透析関連商品、外科手術用品、育児用品）

島屋

屋根材・壁材の加工・販売

吉貴《よしき》 隆人《たかと》

代表取締役

「会社は人」社員の能力を最大限に生かしたい。

企業理念

1　誇りを持って働ける会社にする

2　お客様・仕入先・地域社会に貢献出来る会社にする

3　利益を還元出来る会社にする

先　心

その先を思い遣る、心。
島屋の社員一人ひとりが自ら考え、そしてお客様のために行動する。
決して驕ることなく、誇りを胸に社会へ貢献する。
その気持ちがあってこそ今の島屋があり、明日の島屋が見えてきます。
お客様の心を思い遣り、社員がお互いを思い遣り、そして前へ前へと歩み続けます。
しっかりと足元を見つめ、今にとどまることなく。

本社

profile **吉貴 隆人**

1976年生まれ。広島大学附属高校、慶應義塾大学法学部卒業。2年間、イギリスに留学し、経営管理を学ぶ。2002年から3年間、松下電工の内装関係部門などで働く。2005年7月から島屋に入社。すぐにISO9001認定取得に携わる。太陽光発電にも関わり、役員を経て2010年から社長。2013年からメタルシマヤの社長、2017年からランドハウスの社長も兼務。

◆社長室に全員のプロファイルを掲示

吉貴隆人社長から案内された社長室には、多くの「円グラフ」が書かれた紙が貼られていた。「円グラフ」は青、緑、赤、黄色で色分けされ、赤が全体の60％を占めたものや、10％のものもある。赤と緑でほぼ割合を占めるものもあった。約１４０枚の「円グラフ」を見ても、その割合が同じものは、一つとしてなかった。

その「円グラフ」は、社員全員のプロファイルである。それぞれの社員の思考特性と行動特性が分かる。右利き、左利きがあるように、脳の働きにも「利き」があるのだ。

社員の能力を最大限に生かすことが、会社にとっては一番重要です。そのためには、社員の特性を経営者が知るのはもちろん、社員同士が知ることが大切。個人情報は大丈夫とか、いぶかる向きもありますが、基本的には社内だけのものですし、社員同士が互いに知り合うことが、会社の利益にもつながるはずです。

このプロファイルを始めたのは、約5年前である。全社員に対して、100項目の質問をして、それについてどう思うかを「1」から「7」までの段階で答えてもらい、それぞれの社員の特性・特質を見るのである。

それによって表出した特性を、青は「分析型」、緑は「構造型」、赤は「社交型」、黄色は「コンセプト型」の4つに分けて数値化し、円グラフに表している。「分析型」はデータを重要視し、ムダを嫌う傾向がある。「構造型」は積み上げ型で、過去の事例に基づいて判断したり、順序を重視することが多い。「社交型」は価値判断の基準を人そのものに依拠する思考である。さらに、「コンセプト型」は創造性が豊かで、

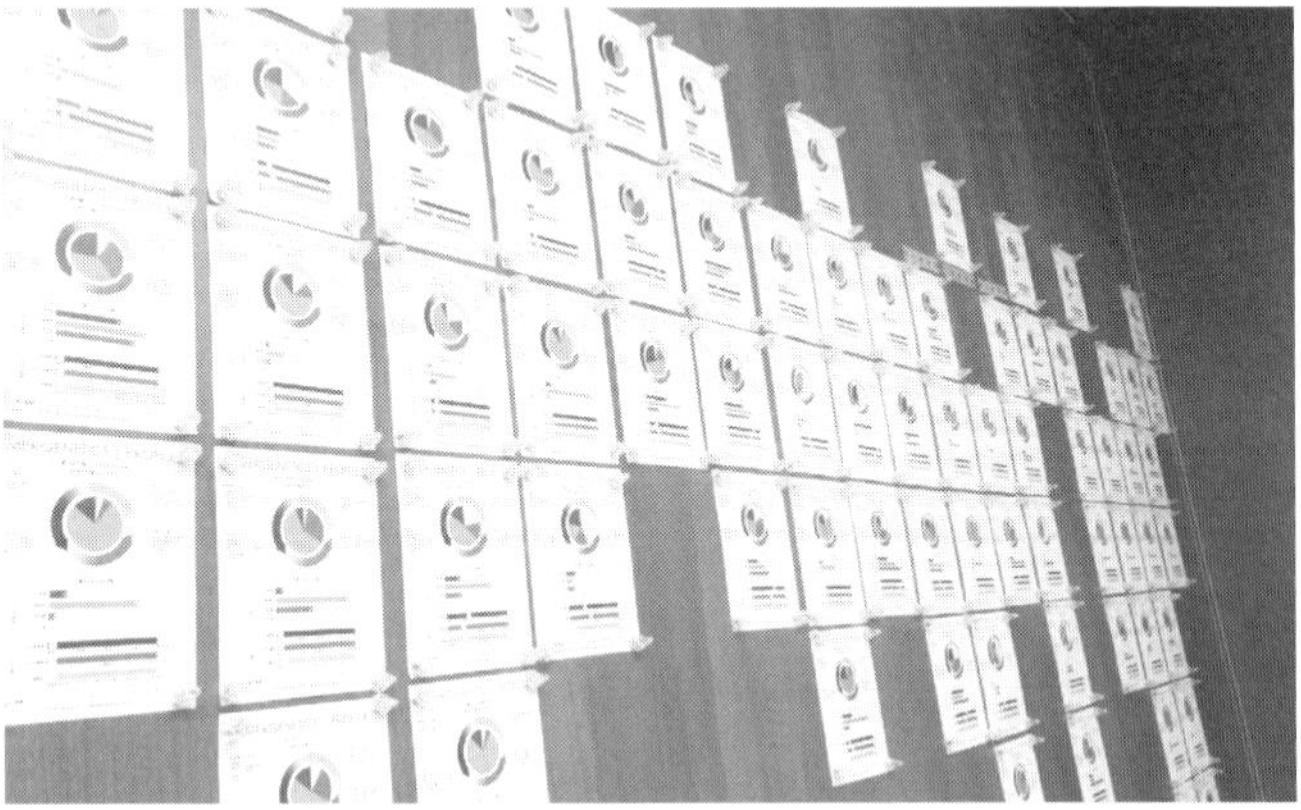

社長室に掲示しているプロファイル

新しいことを好む。

実は、私自身は「緑」の部分が多く、常務とは対照的だった。その意味では、互いに苦手な部分を補完し合っているのではないでしょうか。それが会社にとっても好都合だと思います。

社員教育こそ最も重視するもの

吉貴社長が一番重視しているのは、社員に対する教育である。「会社は人である」と考え、社員教育に取り組んでいる。その中の一つが、この「プロファイル」を利用したものである。

2年に1回、この調査を行っていますが、特性が大幅に変わる人も、ほとんど変わらない人もさまざまです。変わることで仕事に生かすこともできるし、自分に合った動き方の参考にもなります。

社長室の壁に、プロファイルの結果を貼る理由は、「見える化」を進めるためだ。各部ごとに、一目で分かるようにしてある。

この社員データは全社員にも配布し、データとして公開している。社員は、それを見ることで、他者と比べることを学び、「自分の普通は、他人の普通とは違う」ということが、自然と分かるようになった。

これまで、どうしても自身の基準で「何でこのような行動を取るのだろう」「このような発言をするのだろう」と考え、私自身もストレスを感じていたが、社員のことを深く知ることで、互いの理解も深まったと思います。

会社全体としては、このプロファイルの成果を具体的な数字として表わすまでには至っていない。だが、この5年間で、仕事のスピードは上がったと実感している。また、少なくとも、幹部社員と一般社員、社員同士などのコミュニケーションツールとして役立っているという。

不良債権を抱え、困難の中の「船出」

今思い返すと、苦難の連続でした。社長になったのは33歳になる前だった。とにかく余裕がなかった。肩ひじを張っていた。銀行から「つぶれなくてよかったね」と言われたものです。「今に見ておれ」と思っていました。

吉貴社長が3代目として、トップの座に就いたのは2010（平成22）年のことだ。創業以来、「52期」のときだった。その前年に、大きな取引先が民事再生を出して、1億8700万円もの不良債権を抱えることになった。まさに、困難の中の「船出」だった。

大変なことが多い時期でした。でも、考え方を変えてみると、悪いからこそ、いろいろな変化を受け入れやすい環境だとも言えた。ピンチこそチャンスと考えました。

当時の社内の雰囲気は、「仕事は数字」「仕事を取っていくらの世界」の意識が強かったという。だが、この考え方は営業マンしか適用されないと考えた。内勤や物流の部門では、必ずしも当てはまらず、それらの部署の社員のモチベーションをどう保ち、やる気を出させるには、どうすべきかを考えた。「何のために働いているか」を考えることから始めた。

具体的には、先代の社長のやり方を変えようと思いました。以前は、社員と社長の接点はほとんどなかった。典型的なトップダウン型だった。できるだけ社員一人ひとりとコミュニケーションを取るようにしました。

社長室から社長が出ることから始めた。その方が社員との距離が近づくと考えたからだ。やりにくい面もあったので、今は社長室に机を構えるが、ドアはいつも開いた状態にしている。

社員の座席は内勤部門を除いてフリーアドレスにしている。また一時、社長と常務だけは座席に座らず、立ったままのデスクに挑戦したこともあった。現状打破と新たな挑戦のためである。

社長は課長以上の会議には出席するが、1時間半以上はしないと決めた。これらの会議は「報告型」とし、少人数の関係者だけが集まる会議で、意見を出し合うことにした。

ただ、先代、先々代の社長である父、祖父の人脈のつくり方は大変参考にした。2人とも全体を俯瞰《ふかん》するところがあり、自身が不得意な部分は「教科書」にした。

◆グループごとに全社員と飲み会

コミュニケーションを取るために、面談を増やした。社長自ら年2回は、上司も加えて全社員と直接面談。半年間を振り返って、良かった点と悪かった点を話してもらう。社員からの要望も聞いた。継続することで、面談される本人も成長が分かりやすいという。

数値化の目標を立てやすい営業職以外の社員には、例えば内勤でどのような改善をしたのか、その項目をあげてもらい、経費削減につながったかどうかをチェックした。

さらに、飲み会にも力を入れた。年に1回はグループごとに飲み会をしている。それぞれの部ごとではなく、部を横断した形で行っている。ただし、メンバーが前年と重ならないように、上限8人で行っている。

グループ会社も含めると140人以上の社員がいるので、この飲み会だけでも1年に23回。あらかじめスケジュールが決まっているので、他の社員から「社長にこれを聞いておいてほしい」との要望が参加者にもあるようです。飲み会を通じたコミュニケーションは割合うまくいっていると思いますが……。

内定者懇親会

建材部、開発部、建材工事部、工事部、購買部、管理部、製造部、県北山陰営業部、山口営業部のほか関連会社も入れて、15の部がある。部長以上の幹部とは、年1回の「1対1」の飲み会を行い、仕事に関して突っ込んだ議論を展開している。

◆――「マツダスタジアム」の外壁と屋根も

島屋は、初代社長の吉貴吉男氏が1951（昭和26）年3月、金物商「嶋屋商会」として個人創業した。以来70年近くにわたり金属製品を取り扱い、屋根に関しては60年の歴史を持っている。

一般事業所から「MAZDA-Zoom-Zoom スタジアム広島」まで、幅広い種類の施工実績を持っている。「マツダスタジアム」では外壁と屋根とトイレブース、太陽光を担当。このほかにも、岩国錦帯橋空港や奥田元宋・小由女美術館、ひろしま美術館の屋根部分なども手がけている。

島屋は現在、屋根・壁・金属系の建材販売の割合が全体の約50％、工事が20％、内装建材販売が10％となっている。広島市の本社を中心に、各営業所と連携しながら、中国地方で産業用太陽光発電とLED電灯の導入も手伝っている。

屋根材・壁材に関しては、歴史も古く、中国地方では随一の実績です。その実績に甘んじることなく、信頼関係を大切にしながら、納期を守ることはもちろん、早く確実に届けられるように努力を重ねていきます。設計折込活動は、まだできていないので、それらの提案にも取り組んでいきたい。

マツダスタジアム

◆「ひと・もの・わざ」にこだわる

勤続30年以上のベテランから、若手までプロフェッショナルが集まったチームである。豊富な経験とそれぞれの目線を生かして、安心してもらえる提案・施工を行っている。スタッフの資格取得や講習の受講も積極的に行い、工事終了後のアフターフォローまで責任を持っている。

優れた技術と幅広いネットワークで、お客さま一人ひとりにきめ細かいサービスを提供したい。お客さまにとっての快適な空間は、社員が明るく楽しくお手伝いして初めて創造される。そのために各々が「何をするか、何ができるか、何をしたらお客さまに喜んでもらえるか」を考え、すぐに行動する社員が集まる会社にしたい。

営業から施工管理まで人の動きを把握し、モノを動かし、技術を生かしている。

社員からのメッセージ

隼田 健次郎 さん

仲間全員で目標に向かう社風に魅かれて

実は転職組です。2019年4月から「島屋」でお世話になっています。大学を出て前の会社に約3年間いましたが、高校のときに所属していた硬式野球部の知り合いにより、島屋の存在を知りました。話を聞きに行ったとき、仲間全員で目標に向かっていく社風に魅かれ、ぜひ入りたいと思いました。今はパーテーション（間仕切り）の営業をしています。

実際に入ってみると、研修や飲み会も多く、若手だけでなく、先輩や上司の方と気軽に相談もでき、入って良かったと思っています。私も弊社で行っている「適性検査」を受けたところ、「分析型」よりも「社交型」が顕性だと分かりました。ある程度、想像通りでしたが、再確認できた点は良かったです。また、いろいろな特性の人に対して、うまく伝える難しさ、重要性を改めて知ることができました。

入社間もない私ですが、新卒採用に関わる仕事もさせてもらっています。合同説明会などで、積極的に学生と弊社のことはもちろん、就活の心構えなども話しています。自分自身の勉強にもなっています。

現場では、常に全体を見渡し工事の進捗状況を把握することも重要で、とっさの判断も求められる。そこは確かな技術と豊かな経験を積んだ担当者の活躍の場となる。

工事が始まれば、工程は止まることなく進行し、日々その姿を変えていく。予期しない局面に即応するだけでなく、見栄えにも徹底的にこだわっている。外からは見えにくい部分かもしれないが、それが仕事のクオリティ、建物のグレードにつながっている。

また、本社工場をはじめとして、山口、徳山、三次と各拠点に工場を設けている。各地域の特色を生かした商品の製造や、可能な限り取引先から近い工場で製造出荷することで、迅速な対応と輸送コストの削減に努めている。

「職人養成もいつか手がけたい」

今後、力を入れるのはインターネットを使った販売の強化と職人養成の実践だという。

後者に関しては、現在、職人不足が深刻である、島屋自身が、施工する職人の育成までも手がけたいという。そこには、職人の価値をもう一度高めたいとの思いがある。座学ではない、現場重視の学校を考え、職人養成学校のようなものを念頭に置きながら、今、できることからと思っている。

以前は親方が職人を育てていたが、今はその環境が減りつつある。職人に比べると、会社の方がまだ人に教える余裕はある。吉本興業の「ＮＳＣ」のようなものをつくることができたら。職人の価値が高まるようなものになればと思っている。

価値観を共有し、積極的に事業展開

関連会社を含めたグループ全体の売り上げは約１００億円である。同業他社と比べて、若い社員が多いのが特徴。毎年、定期的に新卒の採用を行っている。昨年、一昨年が９人、７人である。働くことに対する考え方、つまり価値観が近い人を望んでいるという。

価値観で共感できれば、会社はさまざまな挑戦ができると思う。自分でやりたいことがあれば、どしどし私案をあげてほしい。将来的には仕入れ先を開拓して、例えば、飲食店を経営することも可能です。

島屋では、多種多様な事業展開も積極的に行っている。食品であり、パーテーションの展開である。それぞれがスキルを生かし、島屋の将来に向けての柱として、その存在感を確かなものにしている。

「その先を提案する力」を大切にしている。現在進行している仕事を常に把握するのはもちろん、すべてに全員体制、総力を結集して挑んでいる。いろいろな情報や仕事の進捗状況を確実に共有することが大切である。

また島屋では、多岐にわたる注文に対して、関連会社を含めたグループ体制で力を発揮している。主に鉄鋼一次二次製品の加工販売を行う「メタルシマヤ」や建築や付帯工事の施工管理を行う「ランドハウス」と連携。グループ会社一丸で、トータルプロデュースしている。

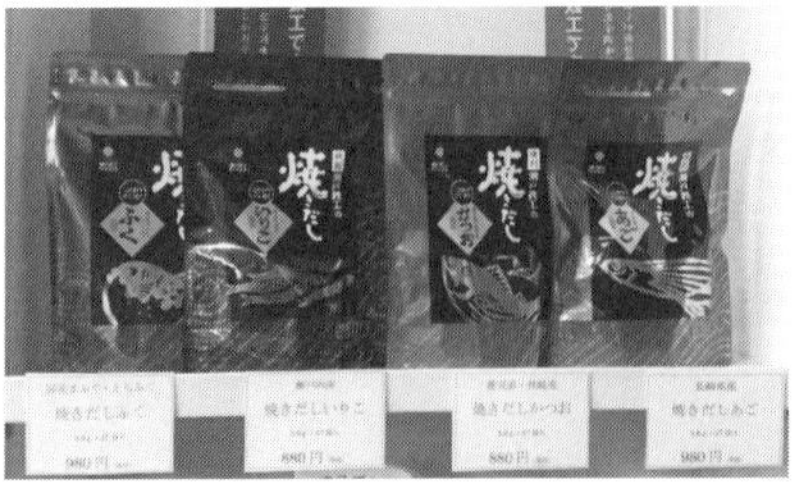

出汁

「環境整備」を普段から実践

実は、社長に就任する前の年から、実践しているものに「環境整備」がある。

日常の業務の中から学ぶ姿勢を大切にしている。すべては事務所の整理整頓から始まると考え、全社員で普段から行っている。

当初は、社員の反発もありました。「どうして、こんなことをしなればならないのか…」「社長の考えが分からない」と会社を去った社員もいた。たぶん価値観が違っていたのでしょう。残った人は同じ価値観で、まとまりがよくなりました。

環境整備は「しくみ」の一つと考えた。いち早く導入した会社では、一定の結果が出ていた。実践に移したことで、業績があがった事実がある。成功した社長の話を聞いて、少しずつ実践に移した。

まだ、独自のものはできていません。今は成功している会社の内容をそのまま真似ています。今後は、少しずつ改良して、応用編の段階まで進めていきたい。

先行する「目配り」を大切にする

常に、先行するさまざまな「目配り」があってこそ、会社としての力を発揮できる。笑顔とともに「いらっしゃいませ」「ありがとう」も心がけている。それが社内コミュニケーションの潤滑油にもなる。

取材に訪れたとき、島屋の玄関には、「いらっしゃいませ」の看板に、取材者の氏名が書かれていた。まるでホテルに宿泊するときに、玄関前に書かれている看板のようだった。これも「目配り」「気配り」の一つであろう。

屋根のない建物はありません。私たち島屋が納めた屋根材や壁材のもとには多くの人たちが語らい、日々、生きる喜びを分かち合っています。これからも、私たちの思いを形にした製品を、自信を持ってお届けしたい。

島屋の歴史

1951年	吉貴吉男氏が個人会社「嶋屋商会」として発足。
1959年	「株式会社　島屋」として発足。
1980年	商工センターへ本社社屋並びにコンピュータラック完備の倉庫を開設。
1988年	2代目社長に吉貴康二氏が就任。
1994年	外装事業部門独立「ランドハウス」設立。
2005年	本社建材部にソーラー推進グループ発足。 ISO9001認証取得。
2006年	鉄鋼本部独立「メタルシマヤ」設立。
2010年	3代目社長に吉貴隆人氏が就任。
2015年	東京出張所を開設。

会社概要

株式会社島屋

所在地	本　　社：〒733-0833 広島市西区商工センター 6-8-58 三次営業所：〒728-0022 広島県三次市西酒屋町411-1 山口営業所：〒753-0871 山口市朝田山口県流通センター 841-9 徳山営業所：〒745-0621 山口県周南市大字原字南岡243-1 下関出張所：〒751-0876 山口県下関市秋根北町2-28 東京出張所：〒132-0021 東京都江戸川区中央3-5-5
TEL	本社 082-277-1133
HP	http://www.shimayas.co.jp
創業	1951年3月1日
設立	1959年1月22日
資本金	8,500万円
代表者	代表取締役　吉貴隆人
従業員数	72人
主な事業内容	鉄鋼一次二次製品販売、建材商品設計施工販売、食料品の加工販売

介護付有料老人ホーム

ジョイフル・ファミリー

香川《かがわ》 良法《よしのり》

代表取締役

職員も、入居者もみんな家族。「楽しい家族のような」施設にしたい。

施設理念

伝えよう、頂こう「ありがとう！」

指　針

一、挨拶と笑顔を大切にします。

一、尊敬し、信頼し合います。

一、プロ意識を常にもち、自己研さんに努めます。

一、感謝し、称賛し合える感性を持ちます。

一、地域に貢献します。

外観

profile **香川 良法**

1970年広島市生まれ。広陵高校を卒業後、1989年に経営を学ぶため米国のニューベリー大学（ボストン）に5年間留学。1994年から、当時父が経営していた医療機器会社香川精器の取引会社のメーカーに就職した。その後、2003年、母が創業したジョイフル・ファミリーに入社し、2006年から社長となる。介護付有料老人ホーム、ジョイフル・ファミリー観音台のほか、2018年9月からは障害者グループホームビスタ観音台も運営する。

離職率「ほぼゼロ」の理由

どの介護職場でも、最大の課題とされているのが、いかに職員を確保し、その職員の離職率を下げるかである。とりわけ景気が上向き、売り手市場になると、介護分野に入る人は減ってしまう。有効求人倍率が全国的にみても高い広島県内では、求人が難しい状況にある。

さらに、せっかく入っても辞める確率が高くなる。「お年寄りのために少しでも役立ちたい」と、介護に使命感を持つ若者は多いが、とかく「3K」「4K」と呼ばれる職場だけに、定着率は低いのが現状である。

そんな中、2017年以降から辞める人が減り、離職率が「ほぼゼロ」と注目されているのが、ジョイフル・ファミリーが経営する、広島市佐伯区観音台にある介護付有料老人ホーム「ジョイフル・ファミリー観音台」である。その背景には何があるのだろうか。どんな経営をしているのだろうか——。

特別なことをしているわけでは、ありません。私なりに試行錯誤した結果が少しずつ実を結んできたのかもしれません。でも、これがずっと続くとは限りませんし、もっと変えなくてはいけない部分もある。現状に満足することなく、日々、切磋琢磨の連続です。

「楽しい家族のような」施設に

ジョイフル・ファミリー観音台が産声を上げたのは、2003（平成15）年のことだ。広島県内の介護付有料老人ホームでは、比較的早い方である。

私の母は少し変わっていて、私が小さいころから、自分自身が将来、入居したいような施設をつくりたいと言っていました。最初は、どこまで真剣だったか分かりませんでしたが、すでに購入していた土地に、この施設をつくったわけです。

栄養管理したバラエティーに富んだ食事を提供

実行に移す際に、会社名、施設名だけにはこだわりがあったようだ。「名は体を表す」との言葉の通り、母は「楽しい家族のような」施設にしたいと考えていた、という。

だが、理想と現実、つまり経営は違っていた。経営の素人である母が、施設をうまく回すのは大変だったようだ。当時、父は会社を経営していたが、その後、３社の合併によって新しい会社となった。当初は社長に就いたが、その後は会長職に退いていた。２００６（平成18）年、その父も亡くなった。

父が亡くなって少し経ったころ、母から「私がつくった会社を好きにしていい」と声をかけられた。こうして当時、入社３年目だった香川良法社長がジョイフル・ファミリーの経営を任されることになった。

館内・食堂兼談話室

◆「笑顔」と「絆」の大文字

ジョイフル・ファミリー観音台は、美しい瀬戸内海と市街地を一望できる、心癒されるロケーションにある。2階建て49室の有料老人ホームができたのは、介護保険制度が導入されてから、4年目のことだ。

プライバシーに配慮した全室個室で、入居者は気兼ねなく過ごすことができる。専用個室にはトイレと洗面台、トイレには手すりとナースコールが完備されている。洗面台は車いすに乗ったまま使用できる。

浴室も1階に特殊浴室、2階に介護浴室があり、必要に応じて介護スタッフの支援のもと安心・安全に入浴できる。食事は施設内で調理され、温かくバランスのとれた食事を提供している。

食堂兼談話室の壁に大きな掲示物がある。筆でしたためられた「笑顔」と「絆」の文字である。「笑顔」は赤で、「絆」は青。どちらも力強い筆使いだ。入居者が朝、昼、夜と集う談話室のどこからでも、目に入ってくる。

地元の高校生の書道部の生徒が、実際に入居者さんの前で書いてくれました。その筆さばきに、みんなびっくり。感心させられました。実は、どちらの言葉も、私たちが一番大切にしているもの。本当にありがたいことです。

その「笑顔」の文字の横には、「日々の生活の　あなたの輝く笑顔で　幸せを感じる」と添えられている。「絆」には「思いやり　信頼が生まれ　見えない糸で繋ぐ　心と心」とある。その言葉を常に見ながら、職員も入居者も心に留めているらしい。

その大書された書が掛けられた反対側の壁には、5月に発行された「ファミリー通信」が貼ってあった。「令和」を知らせるニュースのほか、施設内で100歳を迎えた入居者の笑顔いっぱいの写真が、家族や仲間とともに載っていた。この「ファミリー通信」は新しい号が出るたびに、この場所に貼り出される。

たくさんの入居者の方々を紹介したいとの思いで編集しています。会いに来た家族の方にも元気でやっている姿を、ぜひ見てほしいですからね。

◆「職員に役割を持ってもらう」大切さ知る

香川社長が就任した当初、分からなかったことがある。それは、仕事を通して、職員が本当に望んでいることが「何か」ということだ。その後、試行錯誤を繰り返しながら、少しずつ理解できるようになったという。

給料が高くて、業務量が少ないこと。それこそ職員にとって一番働きやすい環境ではないかと思っていました。でも、それだけでは人間というものはどうしても後ろ向きになってしまう。

――他人のあらを探したり、会社の不満を探したり、そんな職員が目に付く時期もありました。――

そこで香川社長は考え方を一変させた。給与は相場より少し上で構わない。職員それぞれにしっかりとした役割を持たせ、やりがいを感じさせることを重視したのだ。そのときに思い浮かんだのが、母が付けたジョイフル・ファミリーの由来だった。

――楽しい家族に必要なことは、それぞれが役割を持って、責任を全うすること。まずは基本となる接遇の研修に力を入れることにしました。――

この「方針転換」が大きな一因になって、離職率が大幅に改善された。このことは意外な発見でもあった。

２００３年から２０１６年までの14年間に、退職した職員は合計１０７人。離職率は25％を超えていた。40％台はザラである他の施設と比べると、むしろ低い数字だったが、それでも高止まりしていた。

それが、2017年と2018年は、何と退職者が「ゼロ」になったのだ。2019年は、新しい挑戦をするために離職した職員もいたが、ほぼ実質的に「ゼロ」を継続している。「もっとスキルアップを図りたい」「そのために退職したい」という要望は喜んで聞いた。

同じような介護施設を経営している方が驚き、「その秘策を教えてほしい」と言われたりしました。「その秘訣を発表してほしい」との依頼もありました。でも「私自身が変わった」と説明するしかありませんでした。

本当のやさしさを常に考えながら

現在、施設長を務める中田瑞樹さんは、これまで有料老人ホームのほか、特別養護老人ホーム、老健施設、病院、デイサービスなどさまざまな施設で働いてきた。「ジョイフル・ファミリー観音台」が、6つ目の勤務先となる。介護の現場からスタートして、施設長なども歴任してきた。その中田さんは「ここは本当にチームワークがいい。職員は常に利用者にとって何が最善なのかを一番に考えながら行動している。簡単なようで実は一番難しいこと」と強調する。

例えば、糖尿病を患った入居者がいたとする。その日は特別な日だったので、みんなにケーキがふるまわれた。看護師の立場からすれば「食べさせられない」、介護士の視点からは「少しぐらいならいいのではないか」と、意見が分かれることが多い。「どうしたら食べてもらえるか」を職員みんなで考え、結果、主食のごはんの量を少し減らして、そのケーキを食べてもらうことになった。そうしたフレキシブルな、入居者目線の対応が、「ジョイフル・ファミリー」にはあるという。

本当のやさしさとは何か。常にそれを考えながら、各人ができることをすることが、私たちの基本。それがやりがいにもつながるはず。

誕生日に贈るメッセージ

誕生日にはメッセージ付きプレゼント

現在、ジョイフル・ファミリーには、役員4人を含めて計46人が働いている。ジョイフル・ファミリー観音台に26人、障がい者グループホーム「ビスタ観音台」に12人、訪問理美容の「ビューティヘルパー」に4人という陣容である。

香川社長が心がけていることがある。職員全員のことをしっかり観察することだ。誕生日には、一人ひとりに手紙を添えたプレゼントを手渡ししている。もちろんタイミングが合わない場合は、手渡せないときもあるが、その文面は一人として同じ内容ではない。パートと正規職員の区別もない。日々、個々の職員の声を聞きながら対処していないと、プレゼントの「言葉」は生まれてこない。

社内研修

本当に、たいしたことをやっているわけではありません。でも職員の方々が喜んでくれるのなら、これからもずっと続けたい。人をよく見ることは、私たちの職業にとって一番大切なことです。

社員が幸せな人生を送るために、全職員対象にした年1回の外部研修

「どのような人を採用したいか」と、香川社長に尋ねてみた。第一に「元気で、素直な人」と即答があった。当たり前のことを、当たり前にできることが大切という。しかも相手に対する敬意を忘れてはならないとも。

この考え方は、香川社長だけでなく取締役でもあ

る中田施設長など、会社幹部の共通認識でもある。いくら介護経験が長く、介護技術そのものが高くても、他人への敬意がない人は、仕事は長続きしないし、入居者にも満足を与えることはできない。

この考え方をさらに広めるために、２０１７年から年1回、全職員を対象にした外部研修への参加を始めた。広島県社会福祉協議会の認知症に対する介護プログラムだったり、食事介助の方法だったり、高齢者虐待の問題であったり、パート職員を含めて真剣に学んでいる。

さらに、会社顧問から社内研修の一環として、仕事を通しながら成長する大切さや、人としてどうあるべきかなど、人生をより良く生きるための講話を聞くなどしている。講話を聞く職員の顔つきが、少しずつ変わっていくのが分かるという。

実務を学ぶのはもちろんですが、社員が幸せになるため、考え方をいかにプラス思考にするかなど幅広く学んでいます。ネガティブ思考からの脱却も研修の目的の一つです。

ジョイフル・ファミリーの今年の年間目標は「品よく、明るく、やさしく、思いやりの心で対応しましょう」である。「伝えよう、頂こう『ありがとう！』」の施設理念も毎朝、朝礼時に唱和している。これこそ施設の基本だと確信しているからである。

社員からのメッセージ

岡部 清美 さん

家族的なやさしい雰囲気の施設です

この施設がオープンしたときから、ずっと勤めています。専業主婦でしたが、家から近かったのでお世話になることにしました。今は一番のベテランになったので介護リーダーをしています。

社長さんの人柄もあって、家族的なやさしい雰囲気だと思います。8年前に卵巣がんを患って半年間、お休みしたときも、「気長に待っているから」と言われました。落ち込んでいたときだったので、大変ありがたい言葉でした。

社長さんは全社員の誕生日には、直筆のメッセージと、もっと本を読んでほしいとの思いを込めて図書カードを贈られます。昨年の私へのメッセージには「長い間、勤めてもらってありがとう。ジョイフルを愛してくれてありがとう」とありました。もらったときは、泣きそうになりました。

入居者さんに対して、一人ずつ丁寧に接するのが、私たちの務めです。これからも入居者さんと一緒に成長できる私たちでありたいと思っています。

◆障がい者グループホームを開設

2018年9月、有料老人ホームのすぐ近くに、新しい施設を完成させた。「ほっこりあたたかなお家　帰りたくなる快適空間」をコンセプトにした障がい者グループホーム「ビスタ観音台」である。木造2階建て2棟、1棟10人で全室個室。入居者が一堂に集える共有スペースも充実している。

障がい者を対象にしたグループホームはまだ少ない。ということは、社会的な認知度も低いということだ。日中はそれぞれの入居者は仕事に出かけたり、作業所で働いたり、自立した生活を送っている。普通の家の感覚で、このグループホームを使ってもらいたいと考えている。

障がい者用のグループホームを立ち上げたのは、障がい者福祉を通じて、少しでも社会貢献したいと思ったから。貢献の方法にはいろいろあると思うが、障がい者の方には自立した豊かな

暮らしを送ってほしい。今後、就労支援や生活相談事業にも、さらに力を入れていきたい。

また、もう一つの事業として、理髪・美容の訪問業務である「ビューティヘルパー」にも力を注いでいる。毎月、60か所を訪問し、２０００人の頭髪をカットしている。出張や訪問にかかる負担は利用者に求めていない。一般の理美容料金を下回る価格にしている。

もう20年以上になる。派遣している理美容師さんは、どなたにも話し相手になることができるベテランばかり。きれいに髪を整えることで、いつまでも若々しく、元気でいてほしいものです。

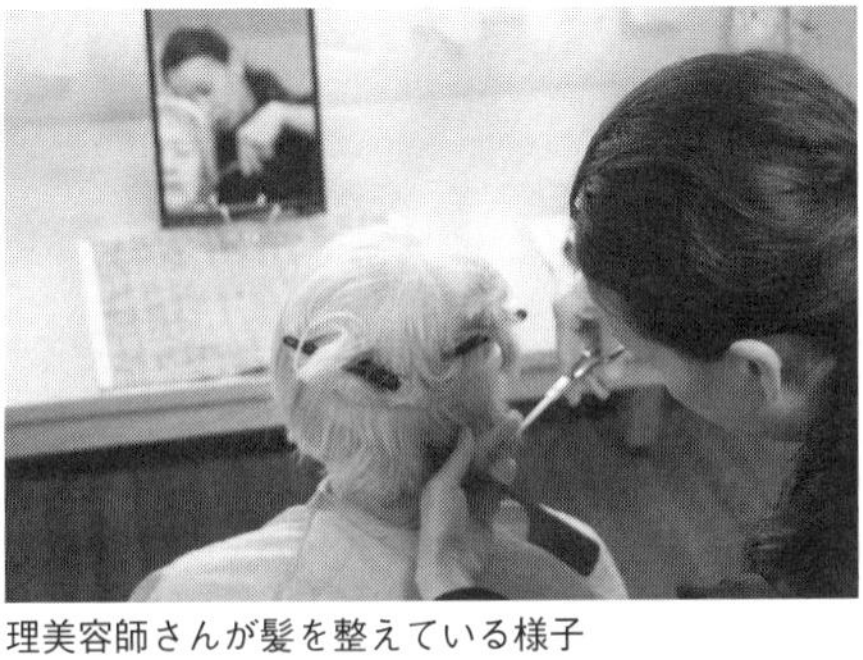

理美容師さんが髪を整えている様子

「入居者の声を大切に」が合言葉

入居者の声を大切に、が合言葉である。利用者が笑顔になることが、職員の笑顔にも結びつく。

ある利用者は「入居した当時は家に帰りたい気持ちがあったが、ここで暮らしてみると気分も楽になり、ジョイフル・ファミリー観音台で暮らして行こうと決めました。スタッフの方も親切で心配事があればすぐに相談に乗ってもらえて安心です」と話す。

また別の利用者は「サービスも良くスタッフも優しいし、なによりテキパキ対応してもらえて助かっています。部屋も個室でゆっくりでき住みやすいです」と強調。「スタッフが親切で、施設の開放的な雰囲気、スタッフの感じがよくて気に入っている。他の入居者さんもいい人が多く、食事が美味しい。家も処分して入居してきたので、これから最後までよろしくね」と声をかけてくれる人もいる。

これらの声が職員全員の原動力になっている。

少し前のことですが、大分で生活していたお年寄りを車で迎えに行ったこともあった。広島に住む息子さんの要望に応えたからです。私たちは職員も、入居された方もみんな家族と思っています。みんなが一日一日を楽しいと感じてもらえる施設であり続けたい。

24時間365日の看護体制

ジョイフル・ファミリー観音台には、個室が49室あるが、ほぼ満室状態である。平均年齢は86歳を超え、要介護度の平均は「3」。認知症の入居者も多く、看取りをするケースも増えている。

安心して過ごしてもらうため、夜間も看護師が常駐し、24時間365日の看護体制をしている。それに伴って、昼夜を問わず医療依存度の高い人に対する対応はもちろん、将来的に医療ケアが必要になる人の備えにも対応できる。慣れ親しんだ場所から移り住むことなく、できる限り住み続けることを目標に掲げている。

入居者の声

その一 「入居した当時は家に帰りたい気持ちがあったが、ここで暮らしてみると気分も楽になり、ジョイフル・ファミリー観音台で暮らして行こうと決めました。スタッフの方も親切で心配事があればすぐに相談に乗ってもらえて安心です」

その二 「サービスも良くスタッフも優しいし、なによりテキパキ対応してもらえて助かっています。部屋も個室でゆっくりでき住みやすいです」

その三 「スタッフが親切で、施設の開放的な雰囲気、スタッフの感じがよくて気に入っている。他の入居者さんもいい人が多く、食事が美味しい。家も処分して入居してきたので、これから最後までよろしくね」

ジョイフル・ファミリーの歴史

2003年	香川社長の母が佐伯区観音台でジョイフル・ファミリー株式会社を創業。 介護付有料老人ホーム、ジョイフル・ファミリー観音台をオープン。
2006年	香川良法氏が2代目社長に就任。
2018年	障害者グループホーム・ビスタ観音台を開設。

会社概要

ジョイフル・ファミリー株式会社

本社所在地	〒731-5157　広島市佐伯区観音台3-5-1
TEL	082-943-6303
HP	http://www.joyful-family.jp
設立	1983年5月17日
資本金	1,000万円
代表者	代表取締役　香川良法
従業員数	46人
主な事業内容	介護付有料老人ホーム・障がい者グループホーム

デコラム

サイン・ディスプレイ用フィルムの販売・加工

代表取締役

岩井《いわい》 正貴《まさき》

口に出す「想い」は実現できる。

経営理念

私たちは、街に楽しさ、活力、美しさを創り出すことで地域社会に貢献する。共に学び、お客様の満足と、社員の幸せを目指す。

本社

profile **岩井 正貴**

1972年生まれ。1995年に福岡の第一経済大学を卒業後、内装問屋に就職。1997年、父が社長をしていた広島デコラ(現・デコラム)に入社。本社や大阪で営業などに携わった後、2010年社長に就任。「人を信じる」がモットー。

「想い」があれば、何とかなるものです。逆に「想い」がなければ、ものごとは叶いません。

「想い」を大切に、次々に実現

その「想い」という言葉を、岩井正貴社長から何度も聞かされた。とりわけ声高というわけではなかったが、折に触れて発せられた。経営がうまくいっていなかったとき、将来に向けて大きな目標を持ったとき、その「想い」によって実現に至ったケースも多かったという。

岩井社長が父である先代から社長業を引き継いだのは、2010（平成22）年11月。社長に就任したときは「26期」を終えて、9月からの「27期」に入ったばかりだった。その「26期」の経常利益はマイナスで、少し前は自己資本比率もマイナスの状態だった。

ある研修会に参加したときには、厳しい声をかけられたこともあった。「存続に当たらない会社だ」と。確かに、決算書は正直である。厳しい叱責を受けたときは憤慨したが、その数字では否定できない面もあった。決算書とのにらめっこの日が続いた。

企業として赤字を出すことは、企業にとっても、社員にとっても避けなければならない。そのために見直すべきことは、見直そうと考えました。

幸いにも売上高は7～8億円で一定していた。問題は利益をどう捻出していくかだった。そこで取った策は、通常とは異なった逆説的なものだった。いわゆる「お客様至上主義」からの脱却だった。もちろんお客をないがしろにするものではない。「赤字」になってもやる、という社風を見直したのだ。

同時に社内の「風通し」にも努めた。どちらかというと「上意下達」から、気軽に相談できる体質に変えた。そのような「方向転換」と時を同じくして、大きな受注も舞い込んだ。結果的に「27期」の売上高は、過去最高の10億円超えになった。

お客さまの要望に応えることは当たり前だが、採算を考えない受注、過度な要求に応えることは、社員の士気の低下につながる。そのことで社員が心に傷を負ったのでは仕方ないですからね。

「社員を大切に」母の思いを受け継ぐ

「社員を大切に」との思いの原点は、岩井社長の母にあった。

初代社長である岩井正喬氏が、個人創業したのは1977（昭和52）年だった。その4年前、正喬氏は脱サラをして独立の道を模索していた。そのときに出合ったのが、1枚のステッカー。そのステッカーは商業車のドアに貼り付けるものだった。このスコッチカルフィルムという商品を販売しようと、正喬氏は松山に住み込みで見習いに行ったという。

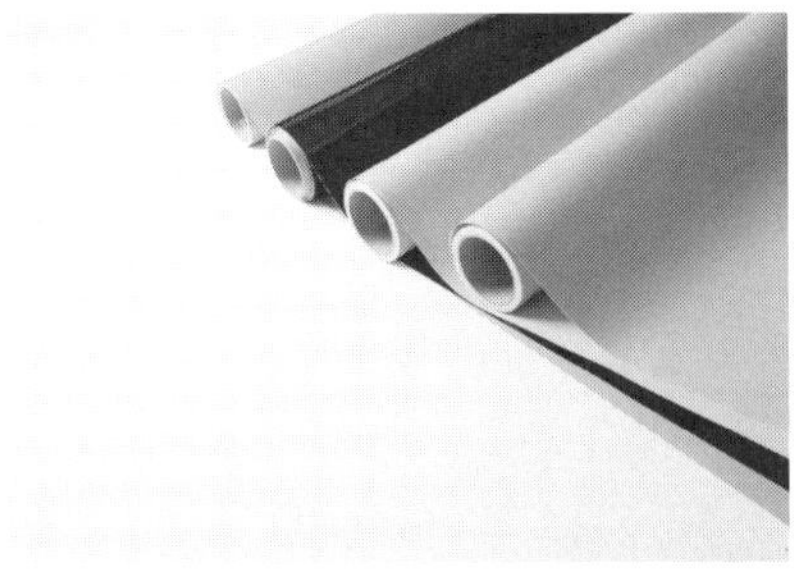

スコッチカルフィルム

創業しても、社員は正喬氏の妻一人。事務所は自宅内。当初は住友スリーエムの特約店にはなれず、コツコツと実績を積み、創業4年後の1981年にやっと法人化するとともに、特約店としてスタートを切ることができた。

創業時は、ペンキでの塗装が当たり前の時代。スコッチカルフィルムという商品はなかなか受け入れてもらえなかった。何とかして商品を知ってもらいたい、との思いで、近所の人にパートで来てもらったりしながら、自宅の庭で板金にシートを貼っていた。その役目が正喬氏の妻で岩井社長の亡き母で専務であった。

亡き母は、創業時から貼り付けの現場と、経理、仕入れ、請求、受注対応とこなし、会社を支え続け、どんなときでも社員を大事にしていた。しかし、創業から23年目の2000（平成12）年、病気のため54歳で亡くなった。会社では明るく、家では疲れ果てた姿で懸命に会社を守っていた。

今でも、その当時の母の姿を鮮明に覚えています。社員を大切にしていた母。その母のためにも絶対に「会社をつぶしてはいけない、良い会社にする」。その想いだけです。

ピンチを東京進出のチャンスに

岩井社長は１９９７（平成９）年、24歳のときに入社した。それから13年、社長交代までの間、さまざまな部署を経験した。そうして社長になったとき、漠然とだが「いつかは東京に進出したい」と思った。赤字体質からの脱却と並行して、常に頭の中に持ち続けたもう一つの「想い」だった。

その「想い」が実現するときが来た。２０１７（平成29）年のことだ。東京のある弁護士から突然の通知が来た。東京の取引先の会社が倒産した、というものだった。東京に進出する機会があるのならと毎年リサーチをしていた。買収するには高額だったが、調査だけは継続的に行っていた。

通知が来たとき、普通なら取引先なので、「お金を回収できるだろうか」と心配の方が頭をよぎるだろう。しかし、私はむしろチャンスと思った。

行動は早かった。その通知が届いた日、新幹線に飛び乗った。車内から電話で、先方の営業部長とのアポイントを取ったものの、そんな状況下の中でも先方の社員は、顧客のためにと懸命に仕事と向きあっていた。自分たちのことは二の次で、仕事をやり抜く社員の姿勢に感動さえ覚えた。

通知があったのが10月。その1か月後には、「一緒にやりましょう」との言葉に応じる形で6人を採用、東京支店を出すことになった。この新しい社員は、それまでの会社の顧客との信頼もあり、継続して取引も続けることができた。

これまでM&Aはもちろん経験がなかった。でも、このチャンスを逃してはならないと、急な東京行きは社員には知らせず、ほぼ独断で行った。これも「将来は東京に」との「想い」を常に持っていたから、行動できたと思います。

結果的には東京の営業は順調で、「35期」の総売り上げの約20%を占めるようになった。東京の市場は今後、ますます増加が見込まれ、次年度以降はさらに、その割合は増えると予想する。

◆物流センターを開設

「想いは実現できる」という意味では、新しい物流センターの開設も同様である。

本社社屋が手狭になっていたため、新しい物件を探していた。物件情報を調べても、築年数が古かったり、狭かったりと、希望とはかけ離れたものばかりだった。そんな中、毎日たばこを吸いながら眺めていた近くの建物が空いたのだ。それまで「空かないかなー」「移転するかも」と勝手に考えて妄想していた物件だった。内装だけをやりかえて、2019（令和元）年5月、開設することができた。

物流センター

口に出す「想い」はポジティブなことにしています。もちろん経営者としては否定的な面、マイナス面も想定しますが、みんなの前で口に出すことはありません。

「美しさを創り出す地域貢献」

「美しさを創り出す地域貢献」が社としてのモットーである。「デコラム」とは「デコラ」と「スクラム」とをプラスした造語。＝デコラ同士が一緒になり、一致団結すること。社名は「デコラティブ」（装飾的）と「マニュファクチュア」（製造）からの由来もある。

「デコラム」では、看板やサイン施工に必要なフィルムや機械の販売事業、自動車や電車の車体・店舗のウインドウ・

社名変更と共にロゴも一新

壁・床などを対象に、社名や広告、案内表示などのビジュアルを加工・施工する事業を行っている。物販と加工・施工が売り上げの50％ずつを占める。新商品など幅広く知ってもらうために、プライベート展示会を毎年1回西区のマリーナホップで開催している。

サインデザインの表現方法は塗装ではなく、専用のフィルムを加工、または印刷して貼付する手法で、多種多様な内容を表現できる。加工する専用フィルムは、スリーエム社の製品で、スリーエム社の特約加工販売会社に認定されている。

◆「製品検証体制」を長く採用

駅の表示一つ取っても、製品の多くはオーダーメード的要素が強い。それらの製品に対して、フィルムのプロが長年の経験を駆使しながら、フィルム貼りなどを行っています。品質にはもちろん自信があります。大量の製品を限られた納期に合わせる総合力が信用の源です。

デコラムでは、メーカーから新製品や新素材が入荷した際に、日数をかけて入念に品質保証に取り組む「製品検証体制」を長く採用している。確かなものを届けたいというスタッフの思いからスタートした。しっかりとした検証によって、自信を持って届けることが可能になる。メーカーが発表している製品の品質や機能情報に加え、検証結果による「有益な知見」を「プラスα」として提案、貴重なアドバイスにもなっている。

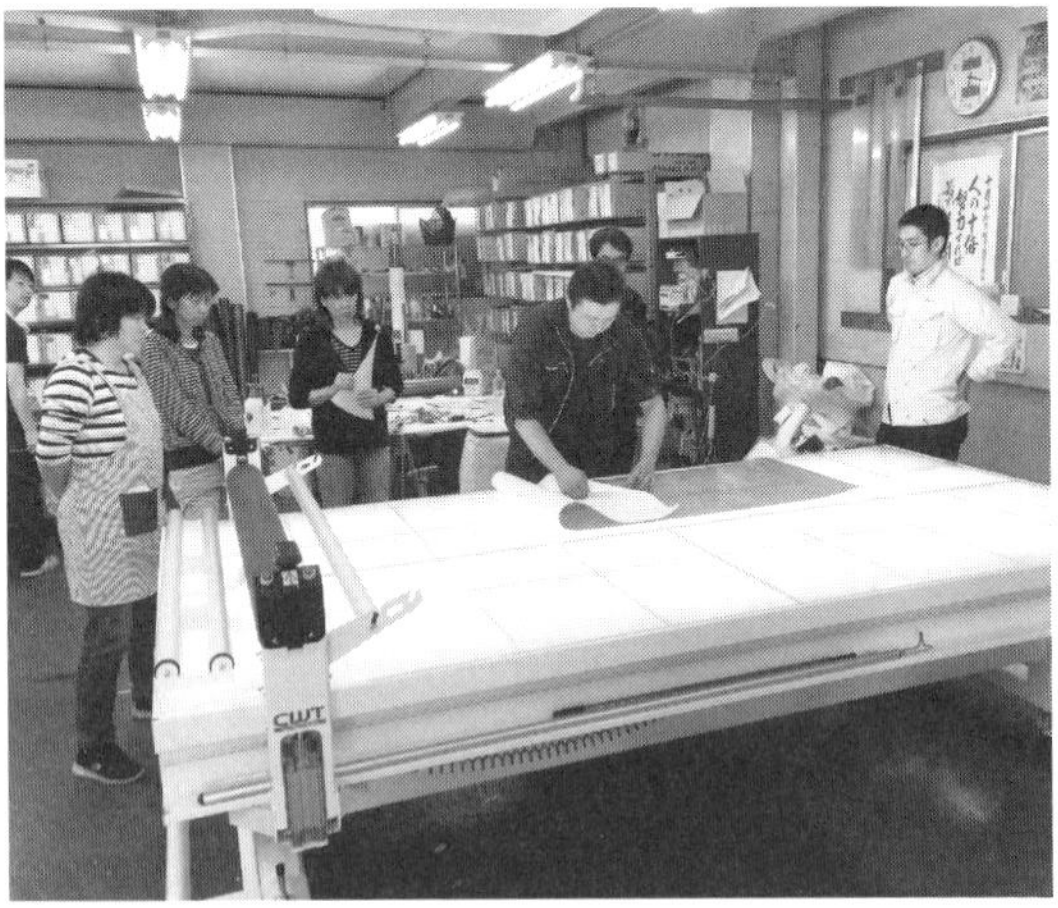

大型貼付けローラー

◆米オーランド空港モノレールにも

街中に表示されている多くの広告物。地元・広島に限らずデコラムが手がけ

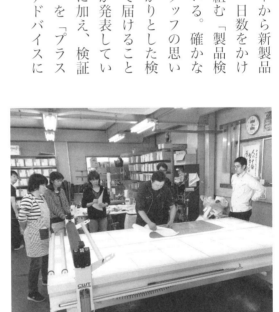

た製品は多い。だが、製作会社がデコラムであることは、ほとんど知られていない。会社説明会のときには、具体例を出すが、会社のホームページなどで紹介することも少ない。

手がけたものには、広島新交通システム（アストラムライン）駅舎や構内サイン、広電グリーンムーバ、そのほかオーランド空港内モノレールのマーキングなどもある。

私たちの会社が作った広告やサインは、掲示物として多くの方に役立っている。さらに街と調和し、自然や景観の一部に。もっと言えば、街の高揚感にもつながっている。そこにこそ、私たちのやりがいや地域への貢献があると思います。

加工風景

◆人財育成

社員は約40人、入社時には特別の資格はいらない、という。岩井社長は人材育成にも力を入れている。その根底にあるのは、良い会社にしたいこの一点の想いである。社員に求めているのは「明るく、元気で、素直」。幼いときに教わっていることだが、できている人は少ない。

そのための行動指針として、「常識的なことを当たり前に行う習慣を身につける」を挙げる。具体的には「時間を守る」「笑顔で元気な挨拶をする」「環境整備に努める」「報・連・相を徹底する」の4項目である。

礼は基本

営業で、トップの成績を取った社員の実績も大切だが、決

して1人で行ったわけではない。あくまでも社員全員の総合力があったからこそ。利益が出れば、できるだけ全社員に還元したい。

デコラムでは、毎年6月勉強合宿を開催。社内には「レク委員会」「朝礼委員会」「ISO推進委員会」を設け、活性化を図っている。

学習機会

社員一人ひとりがレベルアップすることが大切です。そのための学習機会を提供するとともに、働きがいのある職場

勉強会

――づくりに取り組みたい。現状に満足せず、変わることを恐れないことが大事ではないでしょうか。――

社長に就任してから、先駆的な企業を見学・視察する勉強会も積極的に行っている。基本的に全社員が参加。長崎のハウステンボスでは、なぜV字回復に成功したかを、経営者、管理職、一般社員がそれぞれの視点から学んだ。靴下専門店「靴下屋」や「霧島酒造」でも学んだ。

――当初は半分くらいの社員の意識が変わればと思ったが、そう簡単なものではない。今は社員の1人でも変われば。その1人の意識変化がうれしい。――

「36期」新しく設けた方針が「『働き方』の文化を考える――時間意識と働きがいの両立」である。

「出社、退社ではなく始業、終業の打刻徹底」「ノー残業デーの取り組み意識強化」「適正な体制構築」である。新しい時代にあった働き方を模索している。

女性登用でも実績あげる

デコラムのもう一つの特徴として、女性社員の登用がある。2006年には女

社員からのメッセージ

山田 かんな さん

自分たちが作ったサインを見ると誇らしい

入社して６年目になります。大学では生活デザイン学科で、色彩について学び、色に携わる仕事ができればと思っていました。そんなとき会社説明会で、製作現場を実際に見て興味を持ちました。

最初の約1年半の間、製作部に配属され、フィルムの加工や印刷に携わりました。入社するまでは、こんなに多くのものをフィルムで作っているとは知りませんでした。今は、街中で自分たちが作ったサインを見つけると、何だか誇らしく感じます。

現在は、営業で主に福山地区を担当していますが、製作部での経験も生きています。難しい案件もありますが、お客さまから感謝の言葉をもらったときは、営業冥利に尽きます。

上司や同僚との「距離」が近いのが、我が社の特徴だと思います。上司と相談しやすい環境で、安心してお客さまと向き合えます。女性も多く、男女関係なく実力を発揮できると思います。

性初の管理職が誕生。現在では、4人の女性管理職が存在し、3人に1人の割合である。営業も3分の1が女性で、責任感もあり、大きな役割を果たしてくれている。

技術の伝承はできるけれど、周囲に対する気配りは一朝一夕には難しい。その意味では、女性初の管理職である部長は、それぞれの個人を生かしつつ、要になる社員を育成してくれた。

本社・高陽の製作部は8割が女性

◆ビジョン2025を目指すための一手

2019年8月までの「35期」は、当初の目標を大幅に上回る過去最高の13億円の売上高だった。今後も資材販売と加工販売の二本柱に力を入れる。その上で、デコラムとして西日本エリアの資材販売を強化する方針。

そのために、本社内の在庫を増やしながら、スリーエム・ジャパン㈱の中継地点として、西日本エリアの「ハブ」になることを目指す。

経営的には少しずつ改善された。でもまだ改善の途中。今に安住することなく、毎日を改善することが大切です。それぞれが自己改革をしながら、ビジョン2025を目指していきたい。

デコラムの歴史

1977年	現会長の岩井正喬氏が「ミヤケ」として個人創業。
1981年	(有)広島デコラ設立。住友スリーエム(株)特約加工販売店となる。
1986年	広島デコラ(株)設立。
1987年	大阪営業所を設立。
1988年	西区南観音の新社屋に移転、現在に至る。
1989年	高陽事業所を開設。
1994年	広島新交通システム(アストラムライン)駅舎、構内サイン施工。
2000年	広電グリーンムーバ大賞受賞。
2006年	設立25周年、ISO9001取得。
2010年	岩井正貴氏に社長交代。
2011年	設立30周年、売上10億円を突破。
2016年	設立35周年、オーランド空港モノレールマーキング施工。
2017年	東京都足立区に東京支店を開設。
2018年	「株式会社デコラム」に社名変更。
2019年	本社拡張のため物流センターを開設。

会社概要

株式会社デコラム

所在地	本　　　社：〒733-0035 広島市西区南観音6-11-9
	物流センター：〒733-0035 広島市西区南観音6-11-20
	東 京 支 店：〒123-0841 東京都足立区西新井6-12-17
	大 阪 営 業 所：〒564-0044 大阪府吹田市南金田1-9-1
	高 陽 営 業 所：〒739-1751 広島市安佐北区深川8-4-53
TEL	本社 082-293-7251
HP	http://www.decoram.co.jp/
設立	1981年
資本金	1,000万円
代表者	代表取締役　岩井正貴
従業員数	41人
主な事業内容	看板・サイン施工に必要なフィルムや機器（マシン）の販売事業。自動車や電車の車体・店舗のウインドウ・壁・床などを対象に、ロゴマークや広告、案内表記などのサインデザインを加工・施工する事業

ニムラ

リフォーム事業

代表取締役

二村《にむら》 隆信《たかのぶ》

世の中のお役に立てるリーダーを創ることが自分の使命だと思っている。

経営理念

「共に満足」
「共に幸せ」
「共に感謝」

私達は、共に働く仲間・お客様より心から喜んで頂く気持ちを忘れることなく、おもてなしの心を大切にし、最善を尽くします。

大町店 店舗

profile **二村 隆信**

1968年生まれ。地元の安西中学校を卒業後、さまざまなアルバイトを経験した後、26歳の時に西川瓦店に就職。瓦職人としての修業を重ね、1999年、31歳の時に、一人親方として創業。有限会社二村瓦を設立後、株式会社ニムラへ社名変更。リフォームも手掛けるようになる。座右の銘は「行動こそ真実」「人事を尽くして天命を待つ」。趣味はゴルフ、旅行。

飲み会を開かないと「罰金」

「ニムラ」には、信じられないような社内の規則がある。①上司と部下のサシ飲み、②部門飲みなど…。食は気を緩ませ、本音で話ができる。例えば、部下の困っていることを聞き、私生活までアドバイスできる関係が作れる。経営者の使命は「場」を作ることと考えるからだ。部内では2か月に一度は必ず飲み会を開かないといけないのだ。それをしないとそのトップは「罰金」を取られる。上司と部下が飲んでいる写真に報告書をつけて提出すると、かかった費用の大部分は経費として会社が面倒をみてくれる。

さらに、社員同士でコミュニケーションを円滑にする「ありがとうカード」がある。小さな行いに感謝し合い、それを言葉にして相手に送るものだ。

会社はやはり人ですね。互いに信頼を持って、気分よく仕事をすることが一番。そのためにはできることは何でもしようと思います。

これまで、社内融和を強調する社長には数多く出会ったが、ここまで徹底的にやる二村隆信社長には、心底驚かされた。とりわけ人間関係が希薄になった現代においては尚更のことである。

◆社内研修に毎年1000万円を拠出

単なる融和だけではない。社員に少しでも高みを目指してもらいたいと、研修にかかる費用は惜しまない。社長を含めて、約20人の会社で、年間に1000万円は超える研修費をねん出しているのだ。単純に人数で割っても、一人当たり50万円を超えてしまう。

「可能思考研修」と呼ばれる3日間にも及ぶ研修がある。集団でものごとを考え、助け合いの精神、心を学ぶ。協調性を身に付けるには最適で、やり切る力もつくという。またリーダー育成のための「職能研修」がある。経営塾に参加することもある。

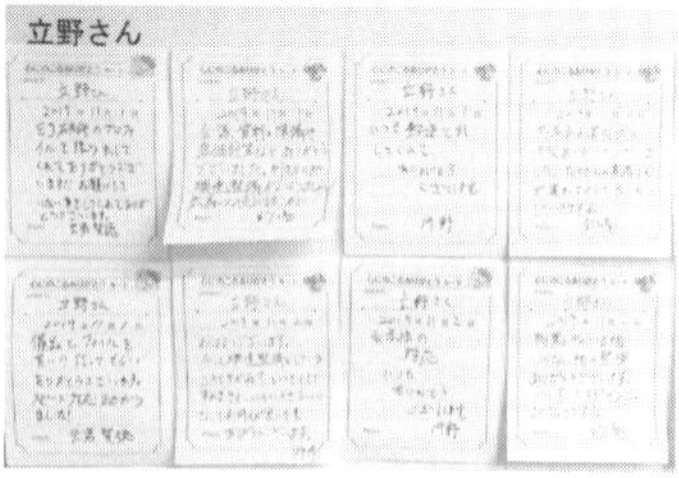

ありがとうカード

社内バーベキュー大会

月１回行っている社内勉強会

OB 様感謝祭イベント（2019 年 8 月）

言葉を変えれば、ニムラでは「人の成長」に会社をあげて注力しているとも言えます。独自の研修プログラムをつくり、さまざまなジャンルのカリキュラムによるキャリアパス研修を行っています。

しっかりとスキルを身に付けながら、具体的には水廻り工事や修繕工事など、リフォームの知識や営業スキルを無理なく覚えることができる。会社が責任を持って、万全のバックアップ体制を構築しているため、全国で4社しか選ばれない2015年度「優秀経営者賞」に選ばれた。

お客と社員、そして社会に貢献

ニムラは、屋根リフォームから住宅リフォームまで、時代の変化による客の要望をとらえて、サービスを提供している。

単に要望に応えることだけが、「お客さまのため」になるとは思っていない。要望以上に快適に、便利に、心地よく、気持ちよく暮らしてもらえることが「本当のお客さまのため」になると考えています。

リフォーム業を行うほとんどの会社は、とかく過去の当たり前に縛られすぎて、お客や社会の求める住宅リフォーム業界の改革に至っていない。

だからこそ、ニムラでは、地域一番の展示数でキッチンや水廻り商品を展示し、実際にお客に商品を触ってもらい、工事費込みの明瞭価格で選んでもらい、分かりやすいリフォームの提供を心がけている。そして、手軽に住まいのリフォームをしてもらえるように、「地域一番店」として常にコストダウンも図っている。

「新しい価値の創造」と位置付け

ニムラは、これらの取り組みを、「新しい価値の創造」と位置付けている。

私たちは、住宅リフォーム、家づくりを単なる事業ととらえるのではなく、地域の住環境をより快適に、より便利にすることで、社会に貢献していくことを使命としています。そして、お客さまに喜んでいただくことが、社員にとってのモチベーションアップにつながり、さらなる質の高いサービスをご提供できる基礎となるわけです。

地域にとってなくてはならない「必要」としてもらえるパートナーでありたい、

と考えている。そのために、全社員で地域の役に立てるよう、社員の技術、質の向上、を行っているのだ。

◆原点は、一人親方としての職人

このような「思い」にたどり着いた二村社長。その原点は、どこにあったのだろうか。学生時代までさかのぼってみると……。

昔は、本当にやんちゃをしていましたね。学校にもあまり行かず、将来のことは考えずに、まさにその日暮らし。若さの特権だったのかもしれませんが、どうにかなると考えていましたね。

二村社長の原点は、一人親方としての職人にある。地元の中学校をどうにか卒業したが、定職には付かなかった。というか、なかなか定職がなかった。ホテルの調理師見習い、車の板金、土木作業員、トラック運転手、車のセールスなど、経験した職業は雑多だった。だが、どれも長続きしなかった。そんなとき、昔からの悪友が、瓦の職人になっていた。その友人は立派にやっていた。輝いているように見えた。羨ましいばかりだった。

――このままアルバイトを続けていては、まずいぞ。自分はいったい何をやりたいのだろうか？と自問自答しました。――

とりあえず、広島で一番大きな瓦店の門をたたいた。それは安佐北区にある西川瓦店だった。26歳のときである。中学を卒業してすでに10年以上も経っていた。西川瓦店は、純和風の物件を多く扱い、神社仏閣も手がけていた。

厳しい徒弟制度の世界だった。3、4年間働いて、30歳を過ぎたとき、一人親方として独立した。少しずつ仕事を拡大させていき、社名も「有限会社二村瓦」から「株式会社ニムラ」に変更した。

リーマンショックのときは大変だった。瓦の元請けからの仕事がなくなった。工務店からの受注が減ったからだ。下請けから元請けに、少しずつシフトチェンジ。さまざまな要因に影響され、悪循環に陥ることを防ぐためだ。そのころからスタートさせたリフォームに関しては、当初から元請けにこだわった。

屋根のリフォームを手がけると、家の中もやってほしい、と注文も来るようになった。当時は、近くにリフォームをする店はあまりなかった。こうして、少しずつ新規ビジネスにも進出することになった。

工事費込みの「定額制度」にこだわる

職人から経営者に変わった。当時の従業員は5人。決算書も読んだ経験がなかった。ただ心がけたことは、ただひたすら分かりやすさを追求すること。とかくリフォームの業界は、金額不明確でボッタクリとの指摘を受けることもある。そこで工事費込みの「定額制度」にこだわった。

ニムラには、ほかにも多くのこだわりがある。そのうちの一つが、リフォームアドバイザーによる一貫管理である。お客から契約してもらった担当のリフォームアドバイザーが最後まで責任を持って施工管理する。

打ち合わせ時のお客さまからのご要望を職人にダイレクトに指示・反映させるため「伝えたイメージと違う」「依頼内容と違う」

――といったズレを事前に防止することが可能です。――

また、担当リフォームアドバイザーが現場を確認しながら工事を進めるので、工事内容への質問、施工中に感じられた不安や追加工事の要望などにも素早く対応できる。さらに、担当リフォームアドバイザーが現場管理責任者を兼任するため、現場管理責任者を採用するコストがかからない。だから、安心価格と細やかな気配りが実現できるというわけだ。

「自社専属施工システム」が最大の特長

ニムラの最大の特長は「自社専属施工システム」である。品質の良いリフォームを少しでも安く実現するために、このシステムを採用している。大手リフォーム会社や工務店では、現場管理を下請け工務店まかせにする工事

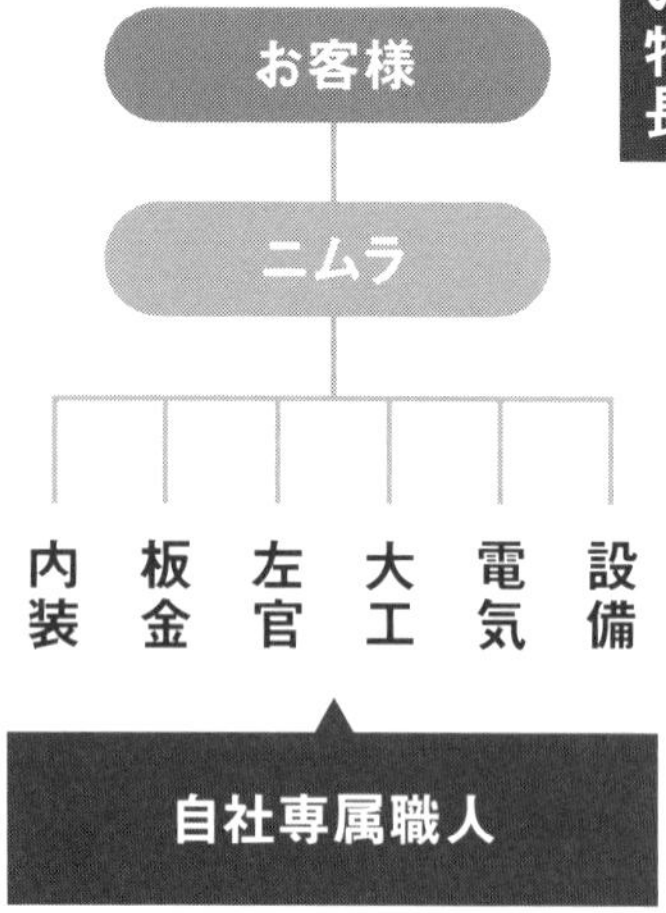

自社専属施工システム

があるため、お客の要望が職人に伝わりにくい状況があるという。

その点、ニムラでは、担当リフォームアドバイザーとプロの大工さんから登用した現場監督が施工管理を行うため、お客の要望を正確に職人に伝え、中間マージンカットによるコストダウンを実現。お客の要望・現場状況に応じて最適な職人を手配することも可能だ。

自前というか自社専用の職人さんを持つことは、今の時代はなかなか難しいことです。でも、ここにはこだわりたい。私自身も職人からスタートしたので、譲ることのできない一つですね。

連綿と続く「ニムライズム」

品質向上への取り組みには、特に力を入れている。

職人に対する評価は、定められたチェック項目に従って数値化。厳密な評価制度による基準を満たさない職人には発注を停止し、二度と業務を依頼しない仕組みになっている。

リフォームのニムラ宣言

・見積もり無料

ご相談に乗ってもお客様の望まないセールスはしません。

・即日お伺い

お客様の「すぐに来てほしい」を一番に考え対応しています。休日・夜間いつでもご都合の良い時間帯をお教えください。

・納得のご提案

ご予算に合わせたご納得いただける提案をいたします。

・最高10年保証

自信を持って10年保証できる技術で施工しています。保証書は工事完了後に発行します。

・万全のアフターサービス

万が一、工事後に不具合があった場合には速やかに対応いたします。

・着工前のご挨拶

工事前に担当リフォームアドバイザーが直接ご近隣の方々にご挨拶にお伺いします。

・言葉の領収書

工事中も担当リフォームアドバイザーが朝・夕の1日2回現場に伺いますので、「話と違う」といったことが起こりません。

・完了工事検査

自信を持って10年保証できる技術で施工しています。保証書は工事完了後に発行します。

・ご不満工事やりかえ

万が一、工事の仕上がりなどにご不満がある場合は、担当リフォームアドバイザーにお話してください。無償にてやりかえさせていただきます。

職人出身の二村社長だけに、現場の内容、現場の気持ちはよく分かる。それだけに仕事に関しては厳しいが、信頼も勝ち得たという。この厳しさこそ、連綿と続く「ニムライズム」かもしれない。

できるだけ、社長である私自身が抜き打ちチェックを行い、評価が甘くならないようにしています。

「お客様満足委員会」を開催

品質の良い工事とお客の満足度向上のため、リフォームアドバイザーと工事職人で「お客様満足委員会」を開催し、お客からのクレームなどに対する改善策を検討し、さらに現場でのあいさつなどマナーや施工精度の向上に努めている。

工事の進行状況や納まりについて、直接言いにくかったり、忙しくて施工管理者と話せないときには「言葉の領収書」と呼ばれる独自のシートを活用している。また引き渡し時にチェックシートを渡している。仕上がりや傷、接続部分を細かくチェックするので、満足できる仕上がりになる。

工事内容に不満があればすぐにお伝えください。その際の追加料金はいただきません。無償で対応しています。工事完了後もアンケートを送付。率直なご意見をどんどんお寄せください。

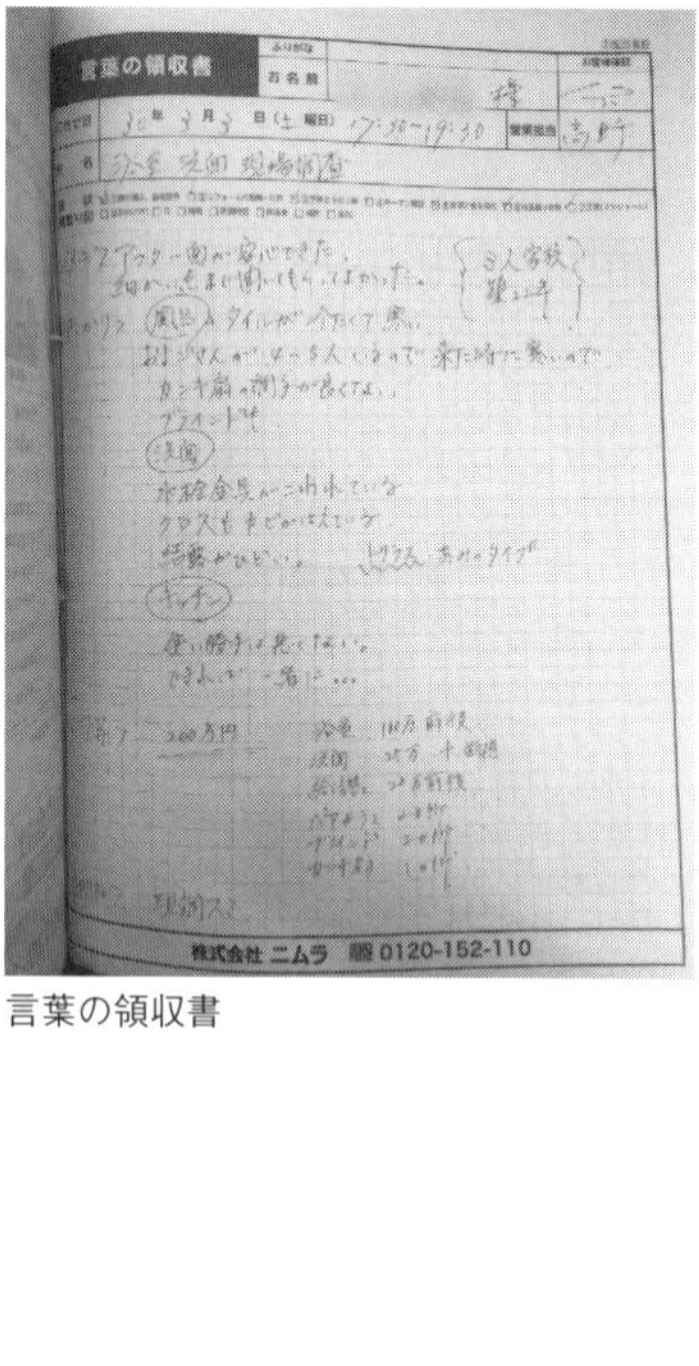

言葉の領収書

新聞のチラシ広告を最大限に活用

地元でのシェアを高めることに力を尽くした。その地元も地区ごとに小さく分け、新聞のチラシ広告を打って、ローラー大作戦に取り組んだ。

その数は、1か月に約27万枚。まさに集中投下である。ネットによる宣伝が次第に多くはなっているが、紙媒体の力は高齢者層を中心に根強い。この方式で大切なことは、いかにエリアをしぼるか、そしてチラシを配布した後に、営業マンが効果的に入っていくかである。そこで営業マンの資質が問われることになる。

ある数字がある。「人口×3万6590円」(あるコンサルタント会社理論参考)。安佐南区の人口は約24万人。計算式に入れると約80億円。この数字をもとに、7%の売り上げで圧倒的なシェア、5%を超えると地域一番店になるのだ。現在、地域一番店の数字は確保できたが、圧倒的なシェアにまではまだ至っていない。

まずはこの安佐南区をしっかり固めて、他地域にも進出できればば。でも、地域密着がうちの売りなので、無理はせずに、アフターサービスを含めて見通しが立てば……。

◆2つの「研究所」を開設へ

こうして積み重ねてきた結果が、現在の年間約700件の施工実績につながっている。さらなる飛躍を目指して、今最も力を入れているのが、2つの「研究所」。「キッチン研究所」と「LDK研究所」である。

2019年8月、安佐南区の大町ショールームに「キッチン研究所」を開設し

キッチン研究所のスタッフ

キッチン研究所

た。これまで長楽寺と大町の2か所にショールームがあった。大町ショールームは、品揃えが多く、キッチン17台、お風呂4台、トイレ14台、洗面化粧台8台、10大メーカーを同時比較することができ、提案しやすいショールームだった。

今回、このショールームを進化させた。さまざまなメーカーの中から、「タカラスタンダード（エーデル）」「LIXIL（アレスタ）」「トクラス（ベリー）」「クリナップ（ステディア）」「パナソニック（リフォムス）」の5つを用意。あくまでもお客目線から使い勝手良く、リーズナブルな商品を選定した。IHやガスコンロも増設し、見てもらえる商品の幅を広げる努力をした。

月末のイベントでは、キッチンの人気投票も行った。キッチン研究所のラインナップに「パナソニック（ラクシーナ）」を加え、合計6台での投票となった。

少しでもお客さまのご意見を参考にしたいと思い、投票してもらうことにしました。今後は、それぞれのキッチンの特徴をより分かりやすくした展示を心がけたいと思います。また地域の皆さまに楽しんでいただける、お役立ちできるイベントを開催していきます。

LDK 研究所

もう一つの研究所が「LDK研究所」である。まだ仮称である。ただきれいにするリフォームではなく、例えば、和モダンやカリフォルニアスタイル、欧州スタイルなどトータルでLDKの提案をしようという試みである。
メーンターゲットは50～60歳代。孫たちが盆や正月などに帰省してきたときに、快適に過ごせる住まいを打ち出して行く計画である。

他のリフォーム会社との差別化を少しでも図っていきたい。そのための2つの「研究所」。独自のブランド力を形成することが、これからは必要になってくると思います。

「共に満足、共に幸せ、共に感謝」

今思うと、昔から漠然とだが、将来は社長になると思っていた。なぜ、そのように思ったのか。どこからそんな自信が湧いてきたのかは分からない。親せきなど、近くに小さいながらも経営者が多かったことも影響しているのかもしれません。

社員からのメッセージ

的場 敦史 さん

地域に密着し、お客さまと長いお付き合いを

専務取締役の肩書がありますが、社長が創業した20年前に、一緒に始めた同志です。私が21歳のときでした。それまでは地元の高校を出た後、とび職をやっていましたが、大変きつく辞めてしまいました。ごみ収集の仕事もしました。

今は屋根担当の責任者でもあります。地域に密着した仕事をしているので、スーパーなどで、お世話になったお客さんと出会うこともよくあります。リピーターのお客さんも多く、その意味では長い付き合いになります。自分で手がけた物件は、何年経っても覚えているものです。車で近くを通ったときには、外から自然とチェックをしているんですよ。

苦労人だった二村社長。「共に満足、共に幸せ、共に感謝」が社長の、そしてニムラのモットーである。

だからこそ、社員教育やコミュニケーションには力を入れており、「共に」を大切にして、チームとして成長していくことを目標としている。

会社内で頑張って、企業内独立のような形で巣立っていくのはうれしいです。

◆「マッハGOGOプロジェクト」を展開

ニムラでは、毎年初詣をした後に、社員全員で書初めを行っている。「努力」「人」「力」「神技」など、気に入った言葉や、その年の目標などをしたためて、事務室に飾る。内容は何でもいい。社員が心を一つに、目標を持つことが大切と考えている。

また、月ごとのテーマも事務所内に掲示している。例えば、「協力体制の確立、コミュニケーションの質と量を増やす」。会議で決めたものだが、社内で検証して不十分な場合には、翌月もう1回同じテーマになることもある。うたい文句だけの形骸化を避けるためである。

「マッハGOGOプロジェクト」というものも存在する。事務所内に大きくレタリングしたものを掲示し、直ぐにやることの重要性を説いている。スピードも品質も、と二兎を追っているのである。

◆日常をもっと豊かにする身の回りリフォーム

世の中には素晴らしい工務店、リフォーム会社がたくさんあります。デザインが得意な会社、設計が上手な会社、仕事が丁寧な会社、それぞれ強みを持ってお客さまにサービスを提供しています。

その中でニムラが強みとしているのは、「日常をもっと豊かにする身の回りリフォーム」。多くの人にとっての住みやすい家は、きっと自分のすぐ側にあるものだと考えています。


瓦からスタートしたニムラは、年々、事業を拡大している。主な事業は、住宅リフォーム（水まわり、増改築、屋根工事など）である。リビングの改装、キッチンの取替え、2世帯住宅への改築にも対応している。

このほかにも、「ヤネカベにむら」による（屋根リフォーム、外壁塗装）や新築住宅、不動産売買、分譲住宅も手がける。

ただ、ニムラのルーツである瓦の売り上げも、屋根と壁を合わせると全体の3割を占めるなど、重要なコンテンツの一つである。

社員からのメッセージ

猪谷 樹 さん

将来はリノベーションなども手がけたい

二級建築士の資格を持っています。入社した後に取得しました。廿日市西高校から広島工業大学専門学校の建築学科に進みました。新規採用を始めた最初の年で、同期は4人でした。会社の合同説明会のとき、なごやかな雰囲気がとても気に入りました。就職活動そのものや、内定の取り方などの相談にも乗ってもらいました。

今はリフォームの営業を任されていますが、当初は質問されても分からないことばかりでした。初めての成約は、水漏れの相談に来店されたお客さまへのトイレのリフォームでした。将来的には、建物や室内全体のリノベーションなども手がけることができればと思います。

入社以来、人間関係での悩みはありません。提案さえすれば、何でもさせてもらえる雰囲気があります。定期採用一期生ということもあって、学生相手のプレゼンもさせてもらっています。

長いお付き合いのために……

一戸建てが多い安佐南区。リフォームの再依頼も多い。例えば、トイレの交換で伺ったお客から、その後にキッチンを頼まれることもある。

そのニムラが最も大切にしているのは、「地域密着で早い。24時間以内に駆けつけ」の方針である。

ニムラは安佐南区近隣に特化した超地域密着のリフォーム会社。急なトラブルや早く見積もりがほしいお客でも安心して相談できるように、スピード対応を心がけている。

大型ショールームを完備し「見て！触れて！選べる！体感ショールーム」で安心して商品を選ぶことができる。価格も、標準工事を含めたセットプライスで分かりやすく、お買い上げしやすいお得なプランを用意している。

そして、「毎日が安心、地域密着のアフターフォロー」である。無制限の修理対応や24時間緊急出張サポートなど、末長く安心して暮らせるよう社員一丸で尽力している。

私たちは何も特別なことはやっていません。少しでも地元の方々のお役に立ちたいとの思いだけ。暮らしを豊かにするお手伝いができればと思っています。

大町ショールーム内

基本方針

1. 経営姿勢

(1)お客様が第一です。

(2)お客様のために良いと思うことは**「すぐやる」**。
もっと良い方法が見つかったら**「すぐ変更する」**。
間違えたと思ったら**「すぐやめる」**。

(3)やらない事を決める。明確にする。

---

2. 環境整備

(1)会社の文化にする。

(2)捨てる。

(3)止める。

(4)変える。(少なくする)

---

3. 重点主義

(1)経営計画書を道具とし、スケジュール通り行動し成果をだす。

(2)スピードを優先し、すぐ取り掛かる。

---

4. 社員重視

(1)社員の物心の幸せを実現する。

接客・電話に関する方針

1. 来 客

(1)**お客様が社内に入って来られたら、誰彼を問わずに明るく大きな声で元気よく、「こんにちは。」**と立って、または立ち止まって、挨拶する。

(2)大切なお客様は**ウェルカムボードに記入して**おもてなしの準備する。

(3)**帰られる際は、誰彼を問わずに明るく大きな声で元気よく、「ありがとうございました。」**と立って、または立ち止まって、挨拶する。

---

2. 電 話

(1)ベルが鳴ったら**3コール以内でスグ**にとる。スピード第一。お待たせしない。

(2)**会議中でも、お客様からの電話はすぐ取り次ぐ。**
ただし、電話を受けた者が用件を聞いて対応できる場合は、会議終了後の連絡でよい。

(3)電話にでる時は、メモを取り復唱する。(会社名・電話番号・名前・日時・場所はきちんと確認する)

(4)要件が済んだら「ありがとうございました。」と挨拶し、**お客様が電話を切ったのを確認してから受話器を置く。**

お客様への正しい姿勢

我が社とお取引がある方が**「お客様」**です。
最初にお会いした人が**「我が社の顔」**です。
最初に電話に出た人も**「我が社の顔」**です。

1. 約束や時間を絶対に守る。

⑴やむを得ず遅れる時は、必ず**30分前**までに連絡し、到着後お詫びをする。

⑵約束変更を依頼する際は、SNSを利用しないで必ず電話で連絡する。LINEを業務で使用することは禁止とする。

2. お客様のご要望は誰が聞いてもこころよく、お引受けする。

上司のメールにすぐ入れる。否定の判断は絶対に自分一人で処理せず、上司にすぐ聞く。

3. このお客様に「教えて頂きたい」という気持ちで接する。

厳しい人ほど、本当は優しい。

4. 親しくなっても礼儀と明るさを忘れない。

親しき仲にも礼儀あり。礼儀知らずは、恥知らず。

携帯電話、iPad、パソコンを使用する際は、お客様の許可を得る。お客様との食事も同様とする。

5. どんなにこちらが正しくても、言訳や、反論・議論は一切やらない。

申し訳ありません。さっそく改めます。

6. 政党・宗教・ひいきの良し悪しは言わない。

余計な事は言わない。

7. お客様のやり方を批判したり、手落ちを責めたりしない。

相手の手落ちも、こちらで引き受ける。

8. 教えてやるという態度はとらない。

「前にも言ったでしょう……。」は厳禁。

「私の言い方が不十分で……。」と何度もくり返す。

9. わからない事は即答しないで、必ず調べて返事をする。

ウソやいいかげんな事を言わない。

すぐにメールで上司に聞く。

10. 他ライバルの悪口は言わない。

「A社さんは立派ですね。我が社も負けないようにがんばります。」という。

11. 体のことは言わない。
（どうしようもないことは言わない）

顔色が悪いですネ、髪が白くなりましたネ、太ったネ、やせたネ、等は言わない。

ニムラの歴史

1999年	一人親方として創業。
2004年	有限会社二村瓦を設立。
2006年	不動産の販売も始める。
2011年	株式会社ニムラへ社名変更。
2013年	リフォーム事業部を立ち上げる。
2014年	ショールームをオープン。
2015年	全国経営発表大会にて最優秀賞受賞。
2016年	新卒採用を始める。複合型大型ショールームオープン展開。
2018年	ヤネカベにむら長楽寺店ショールームオープン。
2019年	創業20周年を迎える。「キッチン研究所」を設立。

会社概要

株式会社ニムラ

所在地	長楽寺店：〒731-0143 広島市安佐南区長楽寺1-19-6 大 町 店：〒731-0124 広島市安佐南区大町東3-22-28
TEL	082-847-1130
HP	http://reform-nimura.com
設立	1999年11月
資本金	1,000万円
代表者	代表取締役　二村隆信
従業員数	22人
主な事業内容	リフォーム業

新車・中古車販売、車両整備

ニムラ自動車（ネオスグループ）

代表取締役

二村《にむら》一弘《かずひろ》

社員さんの豊かな人生につながる
やりがいのある職場を
創造していきたい。

当社の信条

経営理念「共に満足、共に幸せ」

1. 社員満足

仕事価値を創出する。

働きがいのある、成長できる職場環境をつくり、家族が不自由なく暮らせ、自分たちの求めるライフスタイルを実現する。

2. お客様満足

お客様価値を創出する。

お客様に自社の商品・サービスを提供し、「安心・安全」で楽しいカーライフを送って頂きモノと心の豊かさを提供する。

3. 取引先満足

取引価値を創出する。

協存協栄。共に切磋琢磨し、助け合い協力し、栄える。

4. 社会貢献

企業価値を創出する。

適正利益を確保し、納税を通して、地域や国の成長・発展に貢献する。

本社兼スズキアリーナ沼田の店舗

profile **二村 一弘**

1970年広島市安佐南区生まれ。大学時代は理工系にもかかわらず、念願のスポーツカーを買うためにバイトに明け暮れ、300万円を貯める。「お金」の勉強がしたいため、金融機関のオリエントコーポレーションに入社。東京と大阪で4年勤務ののち、輸入車ディーラーの立ち上げに伴いニムラ自動車に入社し、営業からスタートする。複数の事業の立ち上げ及び立て直しに走り回る。2015年、代表取締役に就任。今までに読んだ本は1000冊以上、現在でも年間数十冊を読む。尊敬する経営者は、創業者である父親、ワタミの渡邉美樹氏、京セラの稲盛和夫氏、共盛の故上松倉人氏。

社員さんが満足していなければ、お客さまに満足を与え続けることは決してできない。

自動車の販売から買取り、整備や修理、保険、ロードサービスまで、カーライフに関するサービスを総合的に提供する「ネオスグループ」。5法人で構成し、12店舗を展開する。中核をなすのが1971年創業の「ニムラ自動車」だ。老舗を率いる2代目の二村一弘社長は「共に満足、共に幸せ」を経営理念に掲げる。なかでも目を引くのは、「社員満足」を最上位に位置付けている点だ。

お客さまに満足を提供するのは企業として当然のこと。一方で、現在、当社があるのも、これから継続していけるのも、活躍してくれる社員さんがいるからこそ。社員さんが満足していなければ、お客さまに満足を与え続けることはできません。

そう語る二村社長。店舗を展開する安佐南・北区や五日市地区を中心に「ネオスブランド」が浸透し、従業員満足度を向上させながら順調に成長を続ける同社だが、平成初期には厳しい時期もあったという。

売りっぱなしで悪評が……

1996年に入社した町田大輔さん（執行役員兼オートショップネオス西風新都店店長）によると、「当時は営業に行くと、『ニムラはとんでもない。お前のところからは絶対に買わん、帰れ！』などと怒鳴られることもありました」というほど悪評が立っていた。

背景にあったのは〝売りっぱなし〟による弊害だ。成績を追求するあまり、営業マンたちの間に「車を売りさえすればいい」という風潮が蔓延し、アフターフォローが疎かになっていた。グループのネオスという名称は「NIMURA EXPANSION OASIS&SAFETY」の頭文字を取った「お客さまに安全と快適さで感動を提供します」という想いを込めたネーミングだが、「当時は、ニムラの悪評から身を隠すように、ネオスを打ち出していたこともあったほどだった」と二村社長は振り返る。

だが、看板の架け替えでは、問題の根本は解決しない。

父が自動車整備工場の「ニムラ自動車商会」を創業したときの原点に戻った。車検や点検、整備などのアフターフォローにもしっかりと力を注ぎ、「買う前、買うとき、買った後」のお客さまサポートを徹底し、「お客様第一主義」を掲げて信頼回復に全力を挙げた。

創業時

反発する社員もいたが、顧客の「安心と信頼」に応える企業へと意識改革を図り、10年をかけて浸透させていった。

町田さんが回想する。「当初は私も営業マンとして、車を買ってもらえばいい、という気持ちがあったので、車を購入してくださってても整備や車検は他社というお客さまが多かった。現社長が部長になった2003年ころから、お客さまフォローを徹底する方針を打ち出し、車検や点検、整備内容をしっかり説明した上で、確実に実行していきました。アフターケアに力を注ぐことで、当初は車検や整備が月に2、3台だったのが、数か月後には毎月15、16台をコンスタントに依頼いただけるようになり、信用の重み

修理工場（1979年ごろ）

を実感しました。整備も当社で担当しているので、安心して乗っていただけるのも喜びでした。あの時期に、仕事の土台になる経験を積ませてもらったように思います」

日本資本主義の父といわれる渋沢栄一氏は信用について、「限りある資産を頼りにするよりも、限りない資本を活用する心掛けが肝要である。限りない資本を活用する資格とは何であるか。それは信用である」と言っている。社を挙げた「お客様第一主義」への取り組みが功を奏し、顧客からの信用を取り戻した。

これによりニムラ自動車は、新車や中古車の販売といった不定期の収益だけでなく、車検や整備、保険などの定期的な営業収益を獲得し、安定して適正な利益を確保できる体質へと変貌を遂げる。グループの規模も拡大して成長曲線を描くようになり、2010年に現在の企業理念へリニューアルした。

感謝の見える化で社員満足度を高め、雰囲気を醸成する

ネオスグループは年1回の経営計画発表会と年初めの年2回社員を表彰する。それは、販売実績などの成績優秀者だけではない。

その実績の裏には、サポートしてくれた縁の下の力持ちがいる。そういった数字には表れにくい貢献も大切にするため、社員全員による投票制度を設け、一番得票の多かった社員も合わせて表彰している。

さらに、社員同士がお互いの努力や成果を積極的に称賛、承認し合えるアプリ「サンクスギフト」を2015年に導入。感謝の気持ちを伝え合うコミュニケーションツールとして機能させている。多くの感謝を受け取った社員や、アプリでのやりとりが盛んな店舗を毎月表彰し、感謝を伝え合う社風を醸成。〝見える化〟によって気づいたことを積極的サポートするチームワークが生まれ、ポジティブな雰囲気が、来店する顧客の好感度アップにつながっている。

経営計画発表会

残業を減らし有給取得率を上げながら、売上を112％アップ

働き方改革にも積極的だ。2018年度には、広島県が働き方改革専門のコンサルタントを中小企業に派遣する「働き方改革企業コンサルティング事業」に参加。

社長自らが進捗を管理しながら、「20時以降のメール禁止」「計画的な有給休暇制度の導入」「顧客の自宅を訪ねて車を引き取ったり届けたりする納引き業務の見直し」「理念実現レポートの作成、行動表彰による意識改革」「店長によるマネジメント強化」などを実行し、残業時間の約17％削減、有給休暇取得の約64％向上などを達成した。さらに、取り組み期間中も売上や営業利益、販売台数の1割アップを実現するなど大きな成果をあげた。

働き方の改革に終わりはない。取り組みを継続し、会社全体で生産性を上げながら働きやすくなるよう、さらに改善していくことが社員さんの豊かな人生につながる。

経験を積む中で社員の意識改革も進展。トップダウンだけでなく、店舗横断式のグループによる業務改善でボトムアップ型提案を実行するなど、サービスの質を落とすことなく、生産性の高い働き方を意識する風土が芽生え始めたという。

年間50～60冊を読破

ネオスグループには、外国籍の正社員が2人、技能実習生が4人在籍している(2019年11月時点)。正社員のスタッフはいずれも、日本に留学して日本での就職を希望した人材だ。

二村社長は、「日本で働きたいという本人の熱意を買って採用しました。非常にモチベーションも高く、がんばってくれています。たまたま外国籍というだけですね」と話す。ベトナムからの技能実習生は10年前から受け入れている。政府は近年の著しい労働力不足から2018年に入管法を改正し、外国人労働者の受け入れに大きく舵を切った。

いち早く対応してきたのかを問うと、二村社長は「結果的にそうなっただけ」と否定するが、従業員満足度を高める手法からも、先見性を武器に、時流の変化に適切かつ機敏に対応する姿勢が垣間見える。その経営スタイルを支える柱の一つが読書だ。

私は本から学び、吸収することが多いですね。千円ちょっとで、著者の人生を賭けた知見を学び知ることができる。これほど効果的な投資はないですよ。

経営やマネジメント、マーケティングなどに関する書物を年間に50～60冊は読破するという読書家。2～3か月ごとに書店へ赴き、およそ3時間をかけて本を選び、大量購入するという。

◆目指す会社像は

創業者で父の義春氏がニムラ自動車株式会社の前身「ニムラ自動車商会」を妻の民子さんと設立したのは1971年。二村社長が生まれた翌年だ。両親の思いが詰まった会社とともに成長した二村社長は大学卒業後、「家業を継ぐためには金融の知識や経験が必要」と考え、信販大手の「オリエントコーポレーション」に入社し、4年間過ごした。

そして1997年、輸入車の取り扱い開始に合わせて入社し、一貫して営業畑を歩んだ。2000年ごろから経営にも携わり、銀行対応の窓口として金利交渉はもとより、特定の銀行との付き合いから複数の金融機関との取引へ移行してリスクを回避するなど、思い切った改革を断行した。

2015年に会社を引き継いだ二村社長はいま、「強い会社を目指している」という。その強さとは何か――。

近年、甚大な自然災害が頻発しています。社員さんの解雇や廃業を余儀なくされるケースもある。だから、災害に遭遇しても1～2年は耐えられるような会社づくりをしたい。

理念「共に満足、共に幸せ」であるためには、社員さんたちの物心両面の幸福を実現することが社長の大切な役割の一つ。幸せな人生を送るための働きやすい、やりがいのある職場を創造していきたい。

二村社長は〝社員の幸せ〟を追求するための、真に力強い事業経営を推進する。その証左の一つともいえるのが、高齢者の雇用だ。正社員の最高齢は、なんと営業職の74歳。さらに、洗車を担当する78歳のパートタイム勤務のスタッフは週5日、すでに10年以上、勤務しているという。二村社長は新卒の面接においても「せっかく何かの縁で出会ったのだから、一生お付き合いできる関係でいたい。当社の定年は60歳ですが、働きたいと希望される間は何歳までも勤務していただけますよ」と話すという。

不透明な年金制度から若い世代にも老後の不安が広がる。折しも労働力人口の減少や社会保障費の抑制などを背景に、政府は希望者が70歳まで働ける環境整備に向けた制度見直しの本格的な議論に入っており、２０２０年の通常国会で、雇用期間の引き上げを柱にした高年齢者雇用安定法改正案を提出する方針だ。政府の調査によれば、65〜69歳の高齢者の約65％は「仕事をしたい」と感じているが、実際に就業している人の割合は46・6％にとどまっている。

「いつまでも働ける場を提供していける会社でありたい」。二村社長の挑戦は続く。

社員からのメッセージ

町田 大輔さん

執行役員兼
オートショップネオス西風新都店 店長

仕事を楽しめる職場の雰囲気、風通しのいい環境が魅力

入社 24 年目を迎えました。一貫して営業を担当しています。営業の魅力はなんと言ってもお客さまとの関わりです。さまざまなお客さまがおられ、公私に渡ってのお付き合いも多く、広島県外の方でも車の購入からメンテナンス、保険まで、当社で担当させていただいているケースもあります。

営業職ですから、もちろん月々の数値目標はありますが、一人ひとりの営業スタイルや努力の過程を受け入れてくれる寛容さが当社にはあります。店舗ごとに開催する販売イベントなども、企画するスタッフの「挑戦したい!」という意欲が伝われば、すぐに決裁してもらえるなどのサポートがある上、職種の垣根を超えたチームワークを大切にする風土が根付いているので、積極的に仕事に取り組める環境です。

さらに、疑問があれば、私は社長へ直接電話して相談します。すぐに回答が返ってくる風通しの良さも魅力の一つですね。仕事を楽しめる職場の雰囲気がとても気に入っています。

M&Aで後継者不在を引き受ける

信用調査会社「帝国データバンク」の2018年のデータによると、広島県内企業の後継者不在率は73・2%と深刻で、都道府県別で全国5番目の高さとなっている。自動車業界も無縁ではない。ネオスグループは、これまでに4社をM&A(合併・買収)で引き受けている。父・義春氏の旧友が経営者である企業や銀行からの打診など経緯はさまざまだが、共通するのは「後継者がいない」「利益が出ていない」といったキーワードだ。

当グループは、自動車の販売をはじめ、修理や整備、保険など、顧客のカーライフをトータルにサポートするサービスを展開して適正な収益を生み出しています。築き上げてきた仕組みやノウハウ、ネットワークを投入すれば、利益を出し、かつ社員さんの雇用を維持できる。その自信があるから引き受けます。

あらゆるメーカーの車種を取り扱っている点に加え、多店舗展開によるスケールメリットや48年の実績によるメーカーの優遇などもあり、効率的な仕入れを実践する。一方で「会社の規模を拡大することが目的ではないので、資金を投じて買うことはしない」とのこと。他県企業のM＆Aについても打診があるそうだが、そこに手を出すこともない。すべては「広島の自動車業界を元気にしたい！」という熱意からの取り組みだ。

社長業は素晴らしい仕事

社長という職業は素晴らしいと思う。社員さ

整備作業中の工場

んやご家族の人生を背負うという大きな責任がある一方、自分がやりたいことを実現しやすい立場であり、事業を通して社会に貢献できる。
人とのつながりも幅広くなり、さまざまな人との出会いで刺激を受けることも多い。社長業は大変な面も多いが、最もやりがいがある仕事。

そう語る二村社長は、社内に10人の経営者を創ることをビジョンに掲げる。「ゼロから自分で起業するのは大変ですが、グループ内なら資産や情報を共有しながら、自らのアイデアを生かして社会に貢献できる。ぜひ経営者になってもらいたい」

ソニーが開発した経営者育成研修「マネジメントゲーム」を管理職研修に導入するなど、ノウハウを面白く体得できる工夫も施して、経営者感覚を持つ人材の育成を加速する。小さな自立組織が集まった会社づくりを進める姿勢は、稲盛和夫氏が率いた京セラの強みであるアメーバ経営のような方向性を感じさせる。

さらに、社員自身が会社や仕事へ熱意を持って自発的に取り組む「社員エンゲージメント」の切り口を意識した組織づくりともいえるだろう。管理から自立へと経営スタイルの変革を図るため、人と組織の関係をいち早く見直しているようにも映る。

創業者である会長から引き継いだ立場なので、会社を次世代に引き継いでいくことが私の大事な仕事。ならば、引き継ぐときに、内容的にもより良い企業になっているほうがよい。お客さまの満足を創造していくためにも、社員さんが充実した人生を送れる会社に成長していきたい。

必ず「社員さん」という言葉を使う二村社長からは、分け隔てのない人への敬意を感じる。「会長の後ろ姿を見てきた」と語る一方、「性格はまったく違う。会長はイケイケドンドン、私は慎重派で完璧主義かな」と笑う。「もちろん欲はあるけれども、企業の規模だけを求めるような気持ちはない」。サラリとした口ぶりに2代目のスマートさを漂わせる。

社長像に正解はない。だが、社員の幸せを追求し、強い組織づくりを推し進める二村社長は、令和時代の新たな社長像を体現しているといえるだろう。会長の義春氏は、「私は、社員はもとより、さまざまな人に助けられて事業をやってこれた。意識して人を大切にしたというより、ごく当たり前のこととして、ていねいに人に接してきた」と、40年を超す経営者人生を振り返る。

青は藍より出でて藍より青し。二村イズムは着実にグループに浸透し、昇華されつつある。

ネオスグループ社員の皆さん

ニムラ自動車の歴史

1971年	長楽寺の旧道沿いに二村自動車商会を設立。
1975年	民間車検場を始める。
1977年	ニムラモーターランド相田店オープン。
1984年	カージャンボ広島協同組合設立。カージャンボ緑井店オープン。
1992年	オートザム安古市オープン。
1995年	ニムラモーターランド沼田店オープン。
1996年	デントマスターズ安佐南店開設。
1997年	広島クライスラー株式会社設立。
2001年	カーコンビニ倶楽部ネオス安東オープン。スズキアリーナ沼田店オープン。
2005年	マツダオートザム安古市リニューアルオープン。
2007年	中国運輸局長表彰。カーコンビニ倶楽部ネオス安東からアット鈑金倶楽部ネオス安東へ名称変更。
2010年	クライスラー移転(三篠から緑井へ)。マツダオートザム安古市、認定中古車展示場オープン。
2011年	エコアクション21取得。株式会社東洋自動車と資本提携。
2012年	鈑金塗装のエーテック広島のグループ入り。オートショップネオス西風新都店オープン。本社及びスズキアリーナ沼田移転。スズキアリーナ五日市を東洋本社工場の横に移転し、ショールームと工場一体の店舗にする。太陽光発電を7店舗に導入する。
2013年	保険部設立と保険代理店の統合。国土交通大臣表彰を受賞する。
2015年	社長交代。執行役員制度開始。
2016年	芸備自動車と資本提携。新人事評価制度スタート。
2017年	サンクスギフトの導入。
2018年	ジープ広島リニューアルオープン。

会社概要

ニムラ自動車株式会社(ネオスグループ)

本社所在地	〒731-0143　広島市安佐南区長楽寺2-6-18
TEL	082-878-8300
HP	http://www.neos-group.co.jp
設立	1971年
資本金	1,000万円
代表者	代表取締役　二村一弘
従業員数	104人
主な事業内容	新車販売、車両整備(民間車検場)、デントリペアー、カーフィルム張り、カー用品販売、買取専門業、中古車販売、鈑金塗装、ボディコーティング、自動車リース、損保代理業、レンタカー、ロードサービス

バルコム

カーディーラー・カービジネスから総合サービス業へ

山坂《やまさか》 哲郎《てつろう》

代表取締役

一つの処《ところ》に命をかける
その瞬間、瞬間に命をかけることが大切。

経営哲学

幸せの実現

経営理念

4つの満足

1　お客様の満足

2　社員の満足

3　会社の満足

4　社会の満足

社訓　限りなくベストに近いベター
～何事にも決して あきらめない完全主義～

profile **山坂 哲郎**

1955年生まれ。広島大学教育学部卒業。広島商業高校、広島大学で共に硬式野球部のキャプテンを務める。大学卒業後、広島マツダに入社し、社会人野球をしながら3年目でトップセールスに輝く。その後、25歳で株式会社バルコムヒロシマモーターズ(現・バルコム)に入社し、創業20周年を迎えた1987年、32歳のときに代表取締役に就任。BMWをはじめとした人気輸入車の正規ディーラーとしてトータルなカーライフサポート事業を展開している。

BMW X7

他人から見れば特別なことをやっているように見えるかも知れませんが、自分の中では「ものすごい」ことをやっているとは全く思わない。単にあきらめるのが、人よりも遅く、ものごとに執着しているだけ。

山坂社長が「バルコム」のトップに就いたのは32歳のときである。先代社長である父の煙﨑悦治郎氏が1983（昭和58）年に亡くなり、その4年後の1987（昭和62）年のことだ。父の跡を継いだ義理の母に代わって、1983年当時から、専務だった山坂社長が実質上会社経営を行っていた。以来、35年間一度も赤字に転落したことがない。全くもって驚くべきことではなかろうか。

その秘訣の一つに、「1円」の存在がある。わずか1円でも利益を出すという考えである。利益があまり出そうでない兆しがあれば、徹底的に経費を削る。「今年は赤字でも仕方がない」との考えは、バルコムには存在しない。かつては経費削減のために、1円から申請するようにした。申請先は社長。要するに、会社全体の経費申請を社長に集中させたのだ。

赤字の危険があるときには、「ここまでやる」という本気度を示す必要がある。例えボールペン1本でも。決して例外は設けませんでした。

山坂社長の経営姿勢を表す、もう一つの言葉がある。「転ばぬ先の杖」ならぬ「転ばぬ先の杖、杖、杖、杖、杖」である。「杖」が5本も出てくる。「転ばぬ先の杖」では、全く物足りないのだ。これで大丈夫なのかと何度も検討しながら、一歩を踏み出すのだ。石橋を叩いて、叩いて、叩いてからようやく渡るのである。

逃げの意味ではありません。「絶対に渡るために」さまざまなリスクを回避する。あくまでも挑戦することが大前提。「前向きに怖がる」ということ。ただし挑戦してダメなら、すぐに撤退することも大切です。

広島商業野球部の経験生きる

バルコムの会社設立は１９６７（昭和42）年だった。山坂社長の父である悦治郎氏が創業した。外国車の中でＢＭＷが日本の主流になると確信し、ＢＭＷの正規ディーラーとなったのだ。

山坂社長が父と暮したのは、わずかだった。山坂社長が1歳のときに両親が離婚したためだ。母に育てられた山坂社長の少年時代は、家に水回りがないような極貧生活だったという。当時の苦しさは今でも鮮明に覚えている。

その山坂社長の人生を大きく変えたのが、野球との出合いである。中学時代の活躍もあって、広島商業の野球部から勧誘されたのだ。迫《さこ》田《だ》穆成《よしあき》監督から声をかけられた。迫田監督は選手時代に全国制覇を果たし、監督としても夏の甲子園大会で優勝を飾った名将である。

広島商業野球部時代

先輩からの指導もきつかった。日本刀の真剣の上に乗る伝統の「訓練」も経験した。毎年1年生は60～80人が入部するものの次々と辞めて、残ったのは15人足らずだった。

人生の中で最もきつかったのは、間違いなく高校1年の1年間。この1年間を耐え抜くことができたから、その後はどんなことが起きても、あのときの苦労に比べれば、たいしたことはない。

最上級生になると主将を任された。秋の県大会には優勝したものの、春のセンバツ大会の出場をかけた中国大会では1回戦で敗退、夏の予選も広陵高校に負け、結局は甲子園出場の夢は果たせなかった。

次の夢は東京六大学で野球をすることだった。早稲田大学商学部を目指し、1日16時間の受験勉強に励んだ。友人からの誘いもあって、広島大学教育学部の体育科も受験。広島商業硬式野球部では初めて広島大学に現役合格。大学でも野球部のキャプテンを務めた。

大学卒業後は、広島商業の教師となって、野球部の監督になる。そして甲子園を目指すという選択肢もあった。当時の広島商業の校長先生からも強く勧められた。

広島マツダでトップセールスマンに

私が最もやりたかったのは商売。計算すれば一生分の給与が分かってしまう教員よりも、自分の力を試してみたい。そう思いました。商売をしていた父の姿を見ながら、あこがれていたのかもしれません。

山坂社長は大学卒業後、広島マツダに就職した。野球部にも入り、野球にも打ち込んだ。入社3年目に販売台数がナンバー1にもなった。トップセールスマンとして、社内外で名を馳せるようになった。

入社2年目に最後の1か月で13台を売ったことが大きな自信になったという。「やればできるじゃないか」と思った。そこであらためて立てた目標が、毎月10台売ることだった。半年間で60台、1年間で120台の計算。退路を断つ意味で、営業所長にも宣言した。残り1か月になったとき、それまでに売れたのは98台だった。最後の月に19台を売り上げ、年間販売117台を達成した。

マツダ時代、この人と勝負したいという先輩が一人だけいました。本社の係長でした。この先輩に勝ちたい。その思いでした。学んだことは、年齢や経験は関係ないということ。やる気のある人が勝つ。頑張ったら勝てる。この考えは、このときの体験が大きい。

「家業」を「企業」へと改革

25歳のときにバルコムに入社した。社員は20人だった。数百人の広島マツダで営業をしていたので違いは大きかった。注文書の書き方一つ取っても営業マンによってバラバラで、売上台帳も悦治郎氏が用意した大学ノートを使っていた。顧客名簿すら存在していなかった。「家業」の延長線のような会社だった。その「家業」を「企業」へと改革することが最初の仕事だった。

営業マンたちの意識改革には時間がかかった。改革には一種の「出血」も伴った。下取りをした中古車を、営業マンが自家用車のように乗り回していたのだ。この注意をきっかけに、一部の営業マンが反発し、ほとんどの社員が辞める事態に発展した。

残ったのは私と二輪の責任者、事務員さん2人と、私の同級生だけ。バルコムが最初に行ったリストラともいえます。これまでのやり方を大きく変えて、企業を新しくするチャンスだったのかもしれません。

「暗闇の旅行」から脱出

正式に社長に就任して2年後の1989(平成元)年、山陽自動車道広島インターチェンジに近い広島市安佐南区中筋に、約9億円を投資して本社を建てた。その前年には福山にBMWのショールームもオープンさせた。売り上げも順調に伸びた。

順風満帆に見えたとき、いきなり「暗闇」が訪れた。ちょうどバブルのころで、バルコムも銀行から約20億円の融資を受けていた。金利として年間9800万円払っていたが、その金利が上がり翌年は1億8000万円になったのだ。

私には「人生頑張ったら何事にも勝てる」との持論がありました。その持論をもとに頑張ってきた。高校の野球部のときも、広島大学に現役合格できたときも。でも、今回ばかりはどうしようもなかった。

「自分の思い通りにならない世の中が怖くてたまらなかった」という。私の目の前に広がるのは真っ暗闇。生きているのがつらい。そんな毎日が1か月続いた。「人生はプラス思考」がモットーだったが、自然とマイナスのことばかり考えた。

ある社員の一言で目が覚めた。その優秀な営業マンは、黒字を出すことが難しいグループ会社への転籍を口にしたのだ。その言葉をきっかけに、マイナス思考からプラス思考へと転換できた。つまり「暗闇の旅行」から脱出できたのだ。

2016（平成28）年、バルコムは世界的な栄冠を獲得した。BMWグループが、全世界の正規ディーラーを対象にしたコンテストのセールス部門で、アジア・パシフィック・南アフリカ地区のナンバー1ディーラーに選出された。さらに2017（平成29）年、会社設立50周年の記念すべき年には、同地区の顧客満足度ナンバー1ディーラーに選ばれた。

ネット活用の事業を展開

バルコムには、新しいことに挑戦する気風、社風がある。山坂社長の性格にも由来するであろう。今、バルコムは、カーディーラーから総合サービス業にと大きく転換している。

自動車販売があくまでも基本である。そこで築いた3万人の顧客がベースになる。正規ディーラー事業を核に、中古車事業と飲食事業が両輪となる。加えて不動産仲介、不動産賃貸、太陽光発電、宿泊・旅行、レンタカー、食品流通、通販事業…。その事業は枚挙にいとまがない。

もともと、車に関心はありませんでした。とにかく商売がしたくて、身近にあったのがディーラーだった。父は営業マンとしては、ものすごい人だったようです。母もプラス思考の人間。その意味では父と母の血を受け継いでいるのかもしれません。

今、最も注目しているのが、ネットを活用した事業である。そのためにネット営業本部を立ち上げた。ＡＩ、ＩＴ、ＩＯＴ、ＳＮＳなどをフル活用する。例えばハーレーダビットソンの中古パーツを効率的に、広範に売れないか、中古車の買い取り、販売もネットでできないかなど知恵をしぼっている。

営業について、最近考え方が少し変わってきた。営業こそマンパワー、人が最も能力を発揮できる部分だと考えてきたが、実はそうでもないのではないかと…。もちろん、最後は営業力ですが、ある部分まではＡＩで補うことができるのではないでしょうか。

バルコムは山坂社長の母校でもある広島大学と産学連携の包括協定を結んでいる。現在、社員の教育システムやＡＩを活用した営業システムなどを研究している。

営業に関して、さまざまな顧客データをケースごとに入力、活用することで、トップセールスマンのレベルまでは行かなくても、ＡＩによって、上位10％程度の営業成績を出せると目論んでいる。実現までには程遠いが、今後の大きな柱になると考えている。

◆本社オフィス全体を大幅に改装

2018年、本社オフィス全体を大幅に改装した。「木質化」と「緑化」「匂い」をテーマにして、木目調の机を並べた。柱や壁はホワイトボードで、その場で社員が話し合ったことをすぐに書き込めるようにしている。室内には洋楽のBGMも流れる。「採用競争に打ち勝ちたい」との思いを込めて、このような大幅なリノベーションに取り組んだ。

人を育てることほど難しいことはありません。若い子たちは、楽なことをしたがる。そうした変化を受け止めながら社員に愛を持って接することが大切。社員とは家族みたいなもの。人に愛を持ち続けることは、経営者にとって最も大切な感性、資質だと思います。

現在、バルコムグループの社員は、アルバイトや契約社員を含めると900人以上。山坂社長が長年続けているのは、社員の誕生日に自筆の手紙を書くこと。バルコムで働いてくれていることをあらためて感謝しながら、手紙の内容も社員ごとに変えている。

1年に1回は社員一人ひとりとのコミュニケーションを図っている。かつては、その月が誕生日の人を集めて夕食会を開いていたり、全社員との個人面談をしていたが、社員数が増えたため、今は拠点ごとに食事会を行っている。

バルコム本社屋

地域貢献こそが私たちの役目。そのためには、もちろんお客様や社員の満足度を高めることが大切ですが、それだけでは十分ではありません。だから経営理念の最後に「社会の満足」を加えました。

社会貢献活動にも力を入れる。小児がん経験者の子どもさんとその家族をマツダスタジアムに招待し、シーズンオフにはカープ選手にお願いして小児病棟を回る取り組みを続けている。

広島六大学野球連盟の理事長のほか、バスケットボールのドラゴンフライズの後援会長なども務めている。山坂社長が音頭を取って、有志による「勝つことを目指す仲間の会」をつくり、高校野球の監督など多くのスポーツ関

社会貢献活動の様子

係者が参加、互いに交流を深めている。
社内に社会貢献委員会を設け、全員で取り組む社会貢献活動を20年以上にわたり継続、本店周辺の清掃活動のほか、福山・芦田川の清掃などそれぞれの拠点で活動を展開している。

◆「一処懸命」の大切さを説く

バルコムが大切にしているのは、人間として当たり前のこと。つまり人として当たり前のことを当たり前にすることです。バルコムでは、学歴も年齢も関係ありません。誰にでも活躍できるチャンスがあります。

バルコムらしさについて、山坂社長はこう考える。さらなる高いハードルに挑む姿勢を持ち続け、そのために常に絵を描くことだ。具体的な戦略・戦術を描き、それに向かって突き進む人間集団であることだ。常に挑戦し続ける。これが限りなく、ベストに近いベターの考え方です。

山坂社長には大きな「目標」がある。現在の売上高約４００億円を、将来的には１０００億円企業にまで引き上げることだ。そのためには、今の形態にはこだわらない。これまでの延長の考えでは難しい数字と認識しているからである。

社員からのメッセージ

田中 力さん　宇品店勤務

自分の力を最大限に生かせる会社

入社３年目です。宇品店で営業を担当しています。昨年、実質1年目になる年間43台を販売して、BMWディーラーの中四国ブロックで、新人賞をもらいました。入社するときに、トップセールスを目指すと心に誓ったので、今はそれが目標です。今年は8月時点で、総合4位につけています。

就職のときには、輸入車の営業をしたいと思っていました。他社からも内定をもらいましたが、年功序列よりも、成績をしっかり評価してもらえると、バルコムに決めました。大学時代は野球部のキャプテンを経験し、上下関係はもとより、相手の気持ちのつかみ方など多くのことを学びました。

営業成績がアップするのはうれしいですが、顧客である中小企業の社長さんからサクセスストーリーを聞きながら、少しでも自分自身が成長していると実感できたときが一番、バルコムに入ってよかったと思うときです。バルコムは自分の力を最大限に生かすことのできる会社です。

山坂社長が常々、口にする言葉がある。何度もこの言葉を聞いた。「一処懸命」という言葉だ。

一生懸命というのは、一生に命をかけるという意味。これは当たり前。一つの処《ところ》に命をかけるのです。一生という長い期間ではなく、その瞬間その瞬間に命をかける。この気持ちで、ものごとに常に真剣に取り組んでいるか。瞬間を生かす、今という時は二度と帰りません。

「必ず達成できる。私が決めたから」

きちんと挨拶をしたり、人の気持ちを思いやったりするのは意外と難しい。人間だから嫌なことがあったり、体調がよくなかったりいろいろなことがある。困難や苦境を乗り切ったあとには、必ず自分の成長を感じることができるはずです。

山坂社長の信念は、「単にあきらめるのが人よりも遅く、執着しているだけ」。そして「困難や苦境を乗り切ったあとには、必ず自分の成長を感じる」の言葉に尽きる。

高い目標を掲げたとき、社員は少なからず不安に感じるという。そんなとき、山坂社長は「必ず達成できます。絶対に達成できます。その理由は私が決めたから」と話す。「社員たちも自然とできる気になり、自然と目標達成につながる」との説明が、説得力がある言葉に聞こえてきた。

バルコムの求める人材

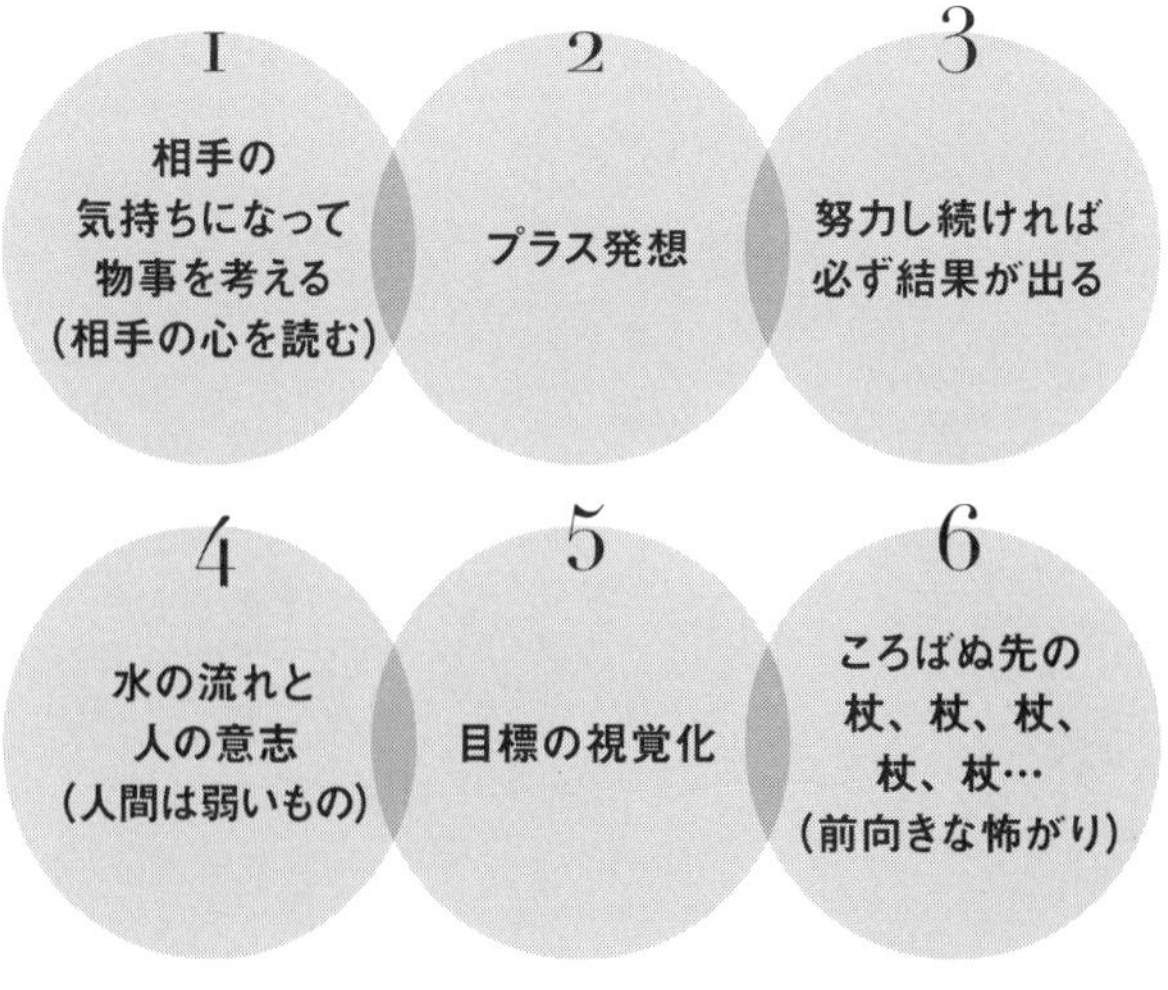
1
相手の
気持ちになって
物事を考える
（相手の心を読む）
2
プラス発想
3
努力し続ければ
必ず結果が出る
4
水の流れと
人の意志
（人間は弱いもの）
5
目標の視覚化
6
ころばぬ先の
杖、杖、杖、
杖、杖…
（前向きな怖がり）

バルコムの歴史

1967年	株式会社バルコムヒロシマモータースを設立。本店は広島市中区広瀬北町。BMWの正規ディーラーとなる。
1979年	商工センター内で第1回外車ショーを開催。創業者・煙﨑悦治郎社長逝く。妻の幸子氏が代表取締役に就任。
1987年	福山営業所を開設と同時に、広島、福山の2拠点展開のスタートを切る。幸子氏が取締役会長に、山坂哲郎氏が代表取締役に就任。
1989年	安佐南区中筋に本社社屋を新築移転。本社ショールームもオープン。
2003年	社名を株式会社バルコムモータースに変更。株式会社エミュー（現・株式会社バルコムエミュー）を設立。岡山店オープン。山口県全域エリア拡大。
2004年	広島・岡山・山口エリアのストアブランドを「Balcom BMW」に統一。倉敷店オープン。
2011年	株式会社Jネットレンタカー中国設立。
2012年	福岡エリアを拡大。株式会社バルコムロジプラン、株式会社バルコム不動産設立。「Balcom Marina Bay」オープン。
2013年	総合サービス業を目指し、株式会社バルコムに社名変更。
2017年	バルコム50周年。持株会社に移行。ベジコ株式会社設立。

会社概要

株式会社バルコム

本社所在地	〒731-0122　広島市安佐南区中筋3-8-10
TEL	082-870-2000
HP	http://www.balcom.jp/
設立	1967年12月14日
資本金	5,000万円
代表者	代表取締役　山坂哲郎
従業員数	582人（2019年11月時点）
主な事業内容	輸入自動４輪（BMW・MINI）、輸入自動２輪（BMW・Harley Davidson・Buell）、国産・輸入中古車の販売・修理損害保険・生命保険代理店

広島ガス高田販売

LPガスの製造販売、住宅の新築・増改築

住吉《すみよし》 峰男《みねお》

代表取締役

創業時の精神「人の暮らしを豊かにする」を引き継ぎ、暮らしのよき相談役でありたい。

社　是

顧客ありて会社あり
和、秩序、誠、熱意 揃って発展する

小さな事故も起こせば破滅

誠実は信用のもと

健康は幸福のもと

質素は安定のもと

反省は向上のもと

努力は発展のもと

経営理念

豊かで健善な「暮らし」「環境」「成長」

・私たちは、豊かで健善な「暮らし」を提案実現することで、お客様の笑顔を創ります。
・私たちは、子供や孫たちの明るい未来を願い、豊かで健善な「環境」を創ります。
・私たちは、仕事を通し「成長」を続けることで、豊かで健善な社会、企業、そして暖かい家庭を創ります。

本社

profile **住吉 峰男**

1961年生まれ。大阪商業大学を卒業後、グループ会社でガスの勉強をした後、1997年に社長に就任。ガス事業のほか住宅の新築・増改築、家電用品販売、アルソック・コインランドリーなど事業を拡大する。地元に練習場があるサンフレッチェ広島の安芸高田市ファンクラブ会長も長年務めた。趣味はバイクと尺八で特技は空手。

◆──暮らしのご用聞き「広ガスたかた」

「広島ガス高田販売」と聞いて、単にLPガスを供給する会社と思っていた。だが、「さにあらず」だった。もちろん、社業の中核をなすのはLPガスの供給、販売事業だが、365日24時間、顧客の豊かな暮らしを支援する地域に密着した会社だった。

具体的には、LPガス販売事業、ハウジング・不動産事業、暮しの支援サービスの3つが柱である。暮らしのご用聞き「広ガスたかた」は、顧客の豊かな暮らしを実現するために、暮らしの中にあるあらゆる困りごとに応えている。

ガス器具の営業販売を始めとして、ホームセキュリティのアルソック、エディオン家電、ホワイト舎クリーニング、クロネコヤマトの集荷代行、ダスキンレンタル、森永乳業商品の宅配、コインランドリー、おそうじ本舗など各社との業務提携により、暮らしの支援サービス事業の充実を進めており、水漏れ、蛍光灯の取替えなど、どんな小さな困りごとにも真心込めて対応している。

家庭用エネルギー

- LP ガス
- ガス器具
- エネファーム
- 家庭用発電システム
- 家庭用蓄電池
- 太陽光発電システム
- オール電化システム
- 給湯システム

エディオン ファミリーショップ

- 生活家電
- 電気工事

新築・リフォーム

- W 発電住宅
- メガソーラー
- オール電化住宅
- エクステリア
- 水廻のリフォーム
- お部屋のリフォーム

暮らし支援サービス

- アルソック
- ダスキン
- コインランドリー
- クロネコヤマト集荷代行
- ホワイト舎クリーニングの集配
- アパマンショップ安芸高田店
- ガス 110 番、電気 110 番、水道 110 番、お湯 110 番

私たちの仕事はいわば、お客さまの暮らしのご用聞きです。ガスの営業やガス漏れ点検でお客さまと顔を合わせたコミュニケーションを取っていますが、それがきっかけになって困ったこと、新しいニーズに、お応えできるように努力しています。

◆2014年に「経営革新推進賞」を受賞

地域密着型の取り組みが大きく評価された証《あかし》が、２０１４（平成26）年度に、全国組織である経営品質協議会から授与された「経営革新推進賞」だった。今、日本には「生産性革命」が求められているという。その方法論は「分子改善・改革」、すなわち付加価値の創造にある。経営品質協議会では、この「顧客価値創造」を実現するための「顧客価値経営」に取り組み、成果を高める方法論を提供している。

　経営品質協議会は、「顧客価値による経営革新」の実現に向けて、日本経営品質賞を中心とした活動支援を目的として１９９６（平成8）年6月に創設された。現在、世界１００か国以上で活動している。国内でも22の地域で

「経営革新推進賞」賞状

1200組織による活動が実践され、基本理念は「顧客本位」「独自能力」「社員重視」「社会との調和」である。

井の中の蛙になるのではなく、お客様本位、独自能力、社員重視、社会との調和という4つの要素、特に他社にはない独自の強みを持つことにより、お客さまから選ばれる企業を目標に日本経営品質賞に挑み、「経営革新推進賞」を受賞しました。

◆太陽光発電販売にまず着手

住吉峰男氏が社長に就任したのは、1997(平成9)年のことだった。住吉社長が36歳のとき。先代の社長で父の住吉千代人氏が創業して35年目だった。千代人氏の体調が思わしくなくなり、急なバトンタッチとなった。

当時の売上はまだ順調だった。だが、安芸高田市の人口は減り始めており、そこからは加速度的だった。売り上げが頭打ちになることも予想され、またオール電化を取り入れる顧客が出始めていた。

当時、売り上げそのものは減っていなかった。会社経営が失敗しているわけでもなかった。だが、将来に対する不安がよぎった。社長として、30年先を考えたら、今のままでよいのだろうか。何かを始めなくては。そう思いながらも、最初の1年間は父のやり方を踏襲しながら、先を考えました。

住吉社長は「ガス屋だけではないことを示したいと考えた」という。「暮らし」をキーワードにしながら、新しい事業を考えた。最初に考えついたのが太陽光発電だった。当時、近隣では手をつける業者はなかった。

古参の社員をはじめ、ほとんどの社員は「若社長が何をバカなことをやっている」と思っていたようです。そんな夢物語を語ってもしょうがないとの意見がほとんどでした。そのため、なかなか協力を得られなかった。

なかには、会社を去る社員もいた。「一人ぼっち」の状態が続いたという。そのとき、自分が初めて採用した新卒の若手に任せることにした。

合言葉は「10年後には変わるんだ」であった。採算ベースに乗りにくい仕事も始めた。クリーニングや牛乳の配達などである。当初はこのような「暮らし支援」だけで、一つの柱になり得ると思ったが、少し考え方を変えた。ガスを含めてトータルで成り立てばいい。いわば、総合的な暮らし支援サービスと位置づけ、相乗効果を生むことを考えた。それから、支援のためのアイテムを少しずつ増やしていった。

◆ポイントサービスに着目

実は、先に「暮らしサービス支援」の概念があったわけではない。きっかけは、妻にお使いを頼まれ珍しくスーパーへ買い物に行ったときだった。精算時レジで「ポイントカードはお持ちですか」と聞かれ、ポイントカードを知らなかったため、帰って妻にポイントカードの説明を聞いて「このサービスをうちでも」と思い、すぐに導入した。

100円で1ポイントを付与する仕組みにした。ただ、集金の場合は対象外にし、口座振替だけを対象にした。ガス販売会社では、全国的にもあまり例がなかった。

ポイントを作ったのはいいけれど、ほとんど使う機会がなかった。当初は、ガス器具の販売でしか使えなかった。ガス器具の買い替えは多くても数年に一度。ガスの使用料金として使うと、単なる値引きに終わってしまい気づかない場合もある。それではお客さまの満足度は、それほど高まらない。それで、ポイントを使えるサービスを増やしたいと思ったわけです。

暮らしの支援サービスに力入れる

「ポイントサービスの拡大」と「暮らしのサービス支援」がつながった。最初に目を付けたのが家電販売だった。家電なら使う機会も多い。それで現在のエディオンに声をかけると、「面白いね」とOKの返事をもらい、エディオン・ファミリーショップを出すことができた。暮らしの支援サービスの柱が見えてきたので、暮らしとは無関係な工業用ガスの取り扱いをやめた。

営業の仕事はいわば、お客の暮らしのご用聞きである。何気ない会話の中から日常生活で困っていることを見つけ、柔軟に対応したいという思いがある。

その思いから「夏場は使わない暖房器具の置き場に困る」というご要望を聞き、冬だけガスファンヒーターをレンタルするサービスを開始したり、ガスの支払いはポイントの貯まる口座振替を勧めたり、貯まったポイントを家電やリフォームの支払いに利用できるようにすることで、広島ガス高田販売ならではのトータルサービスが可能となった。

お困りごと110番

広島ガス高田販売では、365日24時間お客さまの暮らしをサポートしています。ガス、水道、電気、暮しについてのお困りごとは、「広ガスたかた」にご連絡ください。

◆社内でソフト開発を行う

「広島ガス高田販売」の特徴は、社内でソフトの開発を行った点である。独自のシステムを構築した。さらに、タブレット連動のコールセンターシステムの開発は、2011（平成23）年からスタートし、2013（平成25）年、「中小企業IT経営力大賞」の「IT経営実践認定企業」に認定された。

その背景にあるのが、コミュニケーションに関してはアナログを重視していることだ。お年寄りの世帯が多い安芸高田市。機会あるごとの「訪問」を大切にした。訪問に手を取られるのはしかたない。むしろ、その部分を売りにしようと考えた。そのため、アナログともいえる「訪問」以外は、できるだけ効率的にデジタル化しようと決めた。

これまでは、あらゆる相談ごとや依頼など、顧客から電話を受け付けると、その情報や進捗などは担当者だけが知っていた。今は社内のコンピューターと営業担当者が持つタブレットを接続しているので、顧客のさまざまな情報を共有している。毎月の入金、振り込み情報などもすぐに分かる。現場でモバイルプリンターを活用し、契約書も作成が可能だ。

些細なことですが情報の共有によって、お客さまを訪問するとき、どこに車を駐車した方がいいとか、犬が放し飼いになっているので注意した方がいいとかが分かる。前回と別の社員が訪問しても、これまでの流れがすぐ分かるので、お客さまからの信頼度も増しています。

ガスメーターを使った見守りもスタートしている。社内にいながら、ガスメーターがまわっているかチェックできる。数日間、全然回っていないようなら、近くを訪問した際に、出かけて声をかけることも可能だ。

LPガスのシェア率も上昇

安芸高田市と三次市、東広島市、広島市の一部でLPガスを供給している。6165世帯分で、全体の30%のシェア率だ。安芸高田市だけなら40%を超える。この数字は、空き家もオール電化の家も算入しているので、実質のシェア率はさらに高くなる。現在、毎年150~160世帯が、他社のガスから自社に切り替えている。

価格的には他社と比べて安くはありませんが、やはりポイントサービスやアフターサービスを含めた、暮らし全般の支援をお客さまに受け入れて頂けたことが大きいと思います。

仕事風景

暮らしのサービスを実践すると、顧客の家に出向くことが多くなる。ＬＰガスだけのときと比べて再々、顔を出すようになる。例えば、牛乳の配達なら週1回、ダスキンなら月1回という計算だ。常日ごろから「密着」しておけば、顧客から自然と声をかけてもらえる。そうして築き上げた関係こそが重要になる。

「金賞」を狙ってさらに改革

２０１４年度の「経営革新推進賞」で評価されたのは、ハウジング事業、家電販売、不動産事業などの多角化も進め、地域において「より快適な暮らしを支援する」という提供価値を目指したこと。「ＬＰガス販売事業者として独自性を持つ」という考え方から「地域創生のための地域密着ビジネスモデルを構築する」という考え方に変えた。ビジョン実現のためのプロセス見直しを進め、さらに事業者視点の改革から、顧客視点による改革を開始したことが評価された。

この賞が「銀賞」とするなら、２０１９（令和元）年度は、「金賞」である「経営品質賞」本賞を狙っている。「高齢者だけでなく、子育て世代も対象にして、接点を持つことを考えてみては」との前回の審査員からの指摘に対して、20歳代後半から30歳代に向けた土地の販売、住宅の提供での対応を進めている。土地と家屋込みで、約1500万円で提供できないか挑戦を続けている。

さらに顧客の満足度を高めることも念頭に入れて、全ての顧客を対象に、満足度アンケート調査を5年がかりで行った。「ポイントサービスを知っているか」「その満足度はどれくらいか」などの項目を尋ねた。認知度、満足度とも高い数字を示した。

満足度では「普通」を入れると、そこに集中する傾向があるので、「満足」「やや満足」「やや不満」「不満」の選択肢にするなど、できるだけ生の声を吸い上げるようにした。

社員の皆さん

Uターン・Iターンの採用増える

緊急対応も必要なため、365日、24時間誰かが出勤、待機しなければならない。全体をAチームからFチームまで、営業、保安、システムなどの担当者が混合でチームを作り対応に当たっている。日曜は3回のうち1回は出勤。火曜だけは全チーム出勤で、会議などに充てている。

また、社内には何事にも、チャレンジできる雰囲気があるという。成長できる機会も与えられており、そのための投資にも積極的である。

創業以来56年を経過、社長になってから21年目を迎えた。この間、人口減少は拍車がかかる中、少しずつ地域で一番信頼できる、暮らしのサービス支援企業として成長した。

U・Iターンする社員も出てきました。浜田出身の男性社員が、地元出身の社員と結婚、廿日市や岩国から入社し、社内結婚したケースもありました。2020年の新卒は現在4人が内定しています。

社員からのメッセージ

甲田 孝志 さん

チャレンジが大きな自信に

現在は、営業部部長です。入社してから20年目になります。大学卒の新採の第一期です。入社したときは、まだ工業用ガスとハウジングだけの業務で、家電などはやっていませんでした。入社を決めた理由は、八千代町出身で地元の会社だったのと、エネルギー業界に入りたかったからです。

入社後の最初の4年間は、ガスの営業をしました。その後、新規参入した太陽光発電の販売担当。営業から施工管理などの技術まで、手さぐりの状態で学びました。実際に、屋根に上って取り付けたこともありました。高校、大学とラグビーを続け、広島工業高校時代にはラグビーで花園にも行きました。そのときの苦しい反復練習など、トレーニングで培った根性が役立ったのかもしれません。社長から「2年間我慢して取り組め」と言われたときも素直に聞き入れることができました。

このチャレンジが大きな自信になりました。それが評価されたのか、家電エディオンのファミリーショップ立ち上げも担当しました。その後、ダスキン、クリーニング、不動産などの立ち上げも任されました。また働きながら宅建や建築士の資格も取ることができました。

「原点回帰」の必要性

今、「原点回帰」にも力を入れている。創業経営者の住吉千代人氏は「当時輸入の始まったプロパンガスを使ったコンロを見たとき、これは暮らしを豊かにする道具であると直感した」という。
「その当時の暮らしは、お風呂沸かし、ご飯炊きや煮物などすべての燃料は薪や練炭だった。家事にかかる労は大変なものであり、プロパンガスとコンロを普及させることが高田郡（現・安芸高田市）に住む多くの人の暮らしを豊かにするものだと心に誓い創業を決意した」とある。
「創業時、あまり周囲に受け入れられず、多くの辛酸をなめたが、次第に受け入れられるようになり、地域社会に役立つことができた」という。

創業時の精神は今も変わっていません。そのときの精神を引き継ぎながら、変化に柔軟に対応することが大切です。実現できるかは不透明ですが、例えば、店舗を持たない食品やお弁当の宅配など新しく考えていることはたくさんあります。その基本はお客さまにとって何が必要かに尽きます。

「100年続く企業」を目指して

広島ガス高田販売では「100年続く企業」を念頭に置いている。そのためには顧客を創造することは不可欠である。

次期(57期)のLPガス供給顧客数(開詮件数)の目標は6300件。顧客への訪問頻度をアップし、サービス内容の充実を図る一方、「広ガスたかた」の暮らしブランド力そのものを上げることを目指している。

また、地域で300人の雇用創出の目標を掲げる。「広ガスたかた」の直接雇用だけではなく、ビジネスパートナーも含めて、この地域での雇用機会を創り出すことが、地域活性化につながると考えている。

自社だけが発展しても、この地域の活性はありません。地域に根差す、地域のための会社として、できることは何でも挑戦したい。そのために、あらゆるところとコラボしていきたいと考えています。

広島ガス高田販売の歴史

1963年	住吉千代人氏が広島ガス高田販売株式会社設立。
1965年	甲田・向原営業所開設。
1970年	ＬＰガス容器検査場開設。
1985年	広ガスハウジング開設。
1994年	白木営業所開設。
1997年	広ガスハウジング三次開設。 住吉峰男氏が２代目社長に就任。
2001年	高宮営業所開設。
2006年	家電販売事業開設、デオデオコンビニショップ併設。
2007年	甲田・向原・高宮営業所、ＬＰガス事業本社統合。
2008年	コインランドリー甲田店開設。
2009年	アルソック(広島綜合警備保障）との提携。
2010年	コインランドリー白木支店開設。
2011年	ヤマト運輸提携、クロネコヤマトの宅急便集荷代行開始。 ホワイト舎提携、クリーニング集配開始。
2012年	アパマンショップネットワーク提携、アパマンショップ安芸高田店開設。

会社概要

広島ガス高田販売株式会社

所在地	本　　社：〒731-0521 広島県安芸高田市吉田町常友669 白木営業所：〒739-1412 広島市安佐北区白木町小越120-10
ＴＥＬ	本社 0826-42-3331
ＨＰ	http://www.hirogas-t.co.jp/
設立	1963年9月12日
資本金	1,600万円
代表者	代表取締役　住吉峰男
従業員数	46人
主な事業内容	ＬＰガスの製造販売、住宅の新築・増改築、ガス工事・上下水道工事・家電用品販売、アルソック・コインランドリーなど

古昌

青果物卸売販売

古《ふる》本《もと》 由《ゆ》美《み》

代表取締役

「食のプロ」を目指し、
野菜の力をまごころ添えて届けたい。

信　条

日々向上し、みんなの力を結集し、顧客の期待を超えた、サービス・商品を提供します

目先の損得にとらわれず、「三方善し」の精神で、信頼・信用を基本として

- 常に問題意識をもち、たゆまぬ努力を重ね、自ら行動を起こします。
- 互いに尊敬・信頼し、報連相とPDCAで、前向きな意見を出し合える職場をつくります。
- 顧客の真の要望を優先して、責任を持って仕事をやり遂げます。

新鮮な野菜を提供

profile **古本 由美**

1958年広島市生まれ。3人姉妹の末っ子。三篠小、ノートルダム清心中・高、広島修道大。同大大学院でも経営学を学ぶ。47歳のときに、高齢だった母親から、家業の青果物卸売販売会社を引き継ぎ、2005年8月から4代目社長に就任。広島市西区の広島市中央卸売市場内に本社を置く。広島市中央青果卸売協同組合の理事も務めている。座右の銘は「起こることはすべて必然。そこには必ず原因がある。不都合なことが生じても、それを人のせいにしない。むしろ自分の方にあることも心得ておくべきだ」

男女を問わず働きやすい職場環境を整えることが一番大切です。性別に関係なく働きやすい職場が、結局は女性にとっても働きやすい環境になると思います。その意味では、特に女性にこだわる必要はないのかもしれません。

◆3人目の女社長として就任

青果物仲卸の「古昌」の社長は初代、3代、そして今の4代目・古本由美さんとも女性である。そのような経緯もあり、女性にやさしく、働きやすい環境づくりを行ってきた歴史がある。

広島市西区商工センターの「広島市中央卸売市場」には、国内の市場で最初の「市場内保育園」が完備された。2011（平成23）年のことだ。2015（平成27）年には横浜市場で、2018（平成30）年には仙台市場にも誕生した。広島市場は先駆的な存在でもあった。それを後押しした存在に、古昌があったのかもしれない。

女性の働きやすい環境づくりが評価されて、古昌は２０１２（平成24）年度、女性の能力発揮や職域の拡大、仕事と家庭・地域活動との両立支援などに取り組む事業所として、広島市から表彰された。さらに「広島県仕事と家庭の両立支援企業登録」も受けた。

◆──午前2時から従業員が出勤

辺りは真っ暗闇の午前2時、「広島市中央卸売市場」内にある青果物仲卸の「古昌」に、男性社員が出勤して来る。1人、2人、3人……。少しずつ人数が増え、そして午前4時。仕分け・配送担当の全員が揃う。「嵐の前の静けさ」のようでもある。

前日やその日の明け方に運び込まれた青果を配達場所ごとに揃える。行先を間違えるのは致命傷となるだけに、スピードと正確さの両方が要求される。午前6時からは、地野菜のセリも始まる。テレビなどでも見慣れた風景だ。冬時分には、セリ人たちの吐く息は当然、白くなる。そして午前7時、青果を積んだトラック8台が、一斉にスタートする。

私たちの仕事は朝早いのが特徴ですね。でも慣れると、そんなにつらくはありませんよ。決まった朝礼はしないけれど、午後から行う昼礼では、持ち回りで社員に意見を発表してもらったりしています。

市場内の「青果棟125」と「青果棟127」が「古昌」の事務所を兼ねた荷さばき場である。当初は「125」だけだったが、次第に手狭になったのと、すぐ横のブースが運よく空いたため拡大した。今は従業員が15人。男性は青（ブルー）、女性は橙色の揃いのポロシャツに身を包む。その背中には「LOVE THE FRESHNESS FURUSHO」と描かれている。「FRESHNESS」とは鮮度という意味。古昌が最も大切にしている言葉である。

西区で開いた青果店が始まり

「古昌」の創業は、1935（昭和10）年。古本由美社長の祖母である古本みさきさんが西区横川で青果店を開いたのが始まり。原爆投下による焼失で販売の中止を余儀なくされた。1946年（昭和21）年3月、同じ場所で青果物卸業と食品販売業を再開した。その3年後、広島市加古町中央卸売市場の開設と同時に、仲卸業者として入場、父の古本昌幸さんが2代目の社長となった。

1975（昭和50）年、昌幸さんは50歳の若さで他界した。古本社長が17歳の時だった。昌幸さんはいろいろな役職の重責で気苦労が重なり、体調を崩して入退院を繰り返していた。責任感が強くて、頼まれると黙っておけない性格だったという。

父は業界のために貢献し、自社ばかりだけでなく、常に市場全体を良くしようと考えていました。若くして組合長になって、総理大臣賞もいただきました。業績が右肩上がりで、業界でもトップのときの他界。この先どうなるのか心配しました…。

母の幸子さんは父の死を惜しむ暇もなく、株式会社「古昌商店」の社長に就任し、会社を背負うことになった。経理をしていた母が突然の社長就任。男社会の

業界の中で、当時、女性の代表者は幸子さん1人だけ。男性の中で、一人表舞台に立つのは大変だったという。今の時代でも、女性がトップに立つのは大変だが、半世紀近く前なら尚更、大変だったであろう。

父が生前親しくお付き合いをしていた人に支えられていたようです。母も「お父ちゃんのおかげで皆に助けてもらった」と話していました。現場のことは、ベテランの社員に任せていました。石橋をたたいても渡らないという手堅い経営を心がけていたようです。

「考えを押し通しても人の心は動かせない」

小さいときから周囲には「あなたが男だったらよかったのに」と言われたものでした。3人姉妹の末っ子で、姉2人は嫁いでいました。商売屋に家業を継ぐ男の子がいないのは、当時としては大変なことでした。

幸子さんの社長時代は30年間続いた。古本社長は、その幸子さんの隣に机を並べて、10年間事務に携わった。そして２００５（平成17）年に、４代目として事業を継承した。３人姉妹の末っ子で、年の離れた姉2人が嫁いでいたため「大役」が回ってきた。

元々、商売なんて大嫌い。企業社会は男社会、男に負けてはならないと猛勉強をしました。意地だけで頑張っていたのかもしれません。強硬に自分の意見を主張し、社員に急激な変化を求めました。決意もないままに事業を継承したものの、世の中は大きく変化しており「何とかしなくてはならない」とあせりました。女であることが仕事の上で邪魔な気がして、虚勢を張っていたのかもしれません。

転機はある恩師からの「無理に社長の考えを押し通しても人の心は動かせない」という言葉だった。また「人というものは自らが決めないと、成果も出せない」と助言を受けた。社員に気持ちよく働いてもらうために、毎朝、おにぎりを作ったこともあった。毎日お米を10合炊いた。これ以降、少しずつ社員との関係性が変化してきた。

◆――女性としてのきめ細かい目線も大切

「仲卸販売」とは「大卸」と「小売」の中間に位置する存在。広島市中央卸売市場内には、青果物部と水産物部、花き部の卸売業者・仲卸業者が集まる。青果物部の「仲卸販売」が21社ある。青果物に関しては、この広島市中央卸売市場（中央市場）のほか東部市場（海田）もある。

顧客は地元スーパーのほか病院や外食、加工業者などさまざま。一つひとつが大切な「お客さん」である。青果の卸売販売だけに、天候など自然の影響を受けることも多い。それにどう対処するかが「腕の見せ所」。「ほしい」と要望のあったものは、どうにかして揃えるのだ。

たとえ、利益を見込めなくても、何とかしないといけない場合もある。今後は、お客さまのニーズに対応するために、ＰＯＰ

――の作成やＷＥＢを活用した企画提案にも力を入れたい。そのとき、女性としてのきめ細かい目線も大切になってくると思う。――

家庭と仕事の両立を大切に

「125」の敷地の2階部分。男性と女性の休憩室が設けられている。10年前の2009（平成21）年、社員たちの要望を聞いて設置した。朝早い出社の多い男性用は、4、5人が仮眠できる広さ。以前は車の中で仮眠を取るケースもあったが、体のことを第一に考えた。社員の健康こそが、社員のやる気にもつながると思うからだ。

女性用の休憩室はピンクを主体とした内装で、ロッカーや畳敷きのスペースも完備。カーテンで仕切りができ、着替え用スペースもある。社員15人のうち、女性が6人と、社員全体に女性が占める割合も高いので、女性の就労にはとりわけ配慮している。

――この世界は今でも男社会。少しでも女性たちが働きやすいよう――

に、ソフトとハードの両面から、できることはやっています。女性が元気に働くことは、女性だけでなく、男性にとっても働きやすい場所になるはず。

フレックスタイムの導入にも積極的である。通常は男性が5時から15時まで。このうち休憩時間が150分。女性は8時から16時半までと、6時半から15時。女性は事務が中心だが、早めに出社して、買い出し人からの注文対応や荷造りをすることもある。

産休や育児休暇のほか、保育園への送り迎えができる時間帯の勤務にも対応。先代の社長、古本社長たちも子育てをしながら、働いてきた。家庭と仕事の両立を大切にしている。

男性が育児休暇を取ることがベスト。だが、現実的にはまだまだ難しい側面もあります。まずは女性がしっかり取れるように、会社で全面的にバックアップしたい。親の介護についてもフォローできるようにしたい。

野菜ソムリエの資格取得を推進

男女を問わず知識の習得を推し進めるために、野菜ソムリエの資格取得を推進している。野菜ソムリエや食に関する検定に対して、会社が受講料や受講の際の交通費も支給。野菜ソムリエは、これまでに4人が取得している。野菜を好きになってもらうことから始めたい、との女性社長の強い思いからだ。

また、野菜農家などとの意見交換にも積極的だ。年に1回、北広島町の豊平でバーベキューを楽しみながら行っている。撮影された写真を見ていると、社員や農家の人たちのどの表情も笑顔でいっぱいだ。

年1回の豊平でのバーベキュー

スタッフ一同が目指しているのは「食のプロ」。地元青果店から始まった会社のDNAを大切にしながら、地域にとっての明るい食生活の発展に力を注いでいきたい。

「社員は家族。私は母親のようなもの」

「社員は家族。私は母親のようなもの」。これが今、古本社長が一番大切にしていることである。創業84年になる。女性社員には、女性の感性を生かした活躍を望んでいる。男性社員には、本当の母親の気持ちで接している。

先代や先々代から学んだことは、すごく当たり前のことかもしれません。信頼・信用を築くことの難しさ。そのためには嘘をつかない。誠心・誠意で接することが、長い付き合いになること。取引先を含めたすべての人間関係で、このことが言えると思います。

母で先代の社長である幸子さん。諭されることはあっても、声を荒げられてしかられたことはなかったという。社長になった後も、「由美はお父さん似だから大丈夫よ」と常に励まされていた。「三女の私をうまく後継者として育ててくれたのでしょうか」と述懐する。

生きることに常に前向きの幸子さんであった。「原爆で亡くなった友達や肉親の分までも、自分は生き抜かなければならない」という強い決意を感じていたという。「母は自分の生き様を示しながら、家と会社を護ることの大切さを教えてくれた」と古本社長。

2011(平成23)年、幸子さんは85歳で亡くなった。被爆の影響もあってか、いくつもの病を乗り越えながら、精一杯生き抜いた。野の花のようにたくましく生きた幸子さんだった。

新年祝賀会

母には遠く及ばないけれど、私も母を手本に。社員の母として、家庭の母として、これからも地道に頑張っていきたい。

◆「三方善し」の精神を大切に

創業80年を機にした2015（平成27）年、初めて信条をまとめた。「日々向上し、みんなの力を結集し、顧客の期待を超えた、サービス・商品を提供します」というものだ。そのためには、目先の損得にとらわれずに、三方善しの精神を大切にすることという。

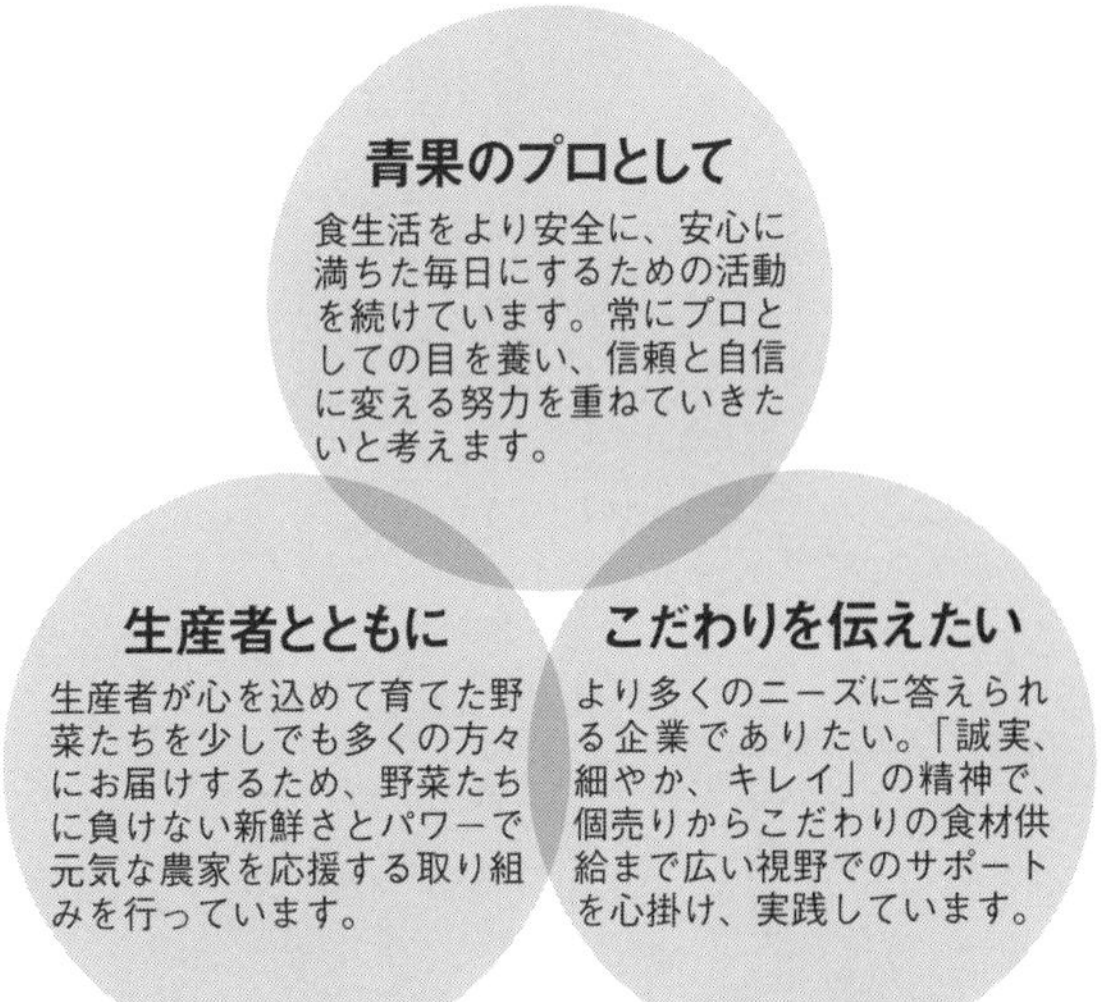
青果のプロとして
食生活をより安全に、安心に満ちた毎日にするための活動を続けています。常にプロとしての目を養い、信頼と自信に変える努力を重ねていきたいと考えます。
生産者とともに
生産者が心を込めて育てた野菜たちを少しでも多くの方々にお届けするため、野菜たちに負けない新鮮さとパワーで元気な農家を応援する取り組みを行っています。
こだわりを伝えたい
より多くのニーズに答えられる企業でありたい。「誠実、細やか、キレイ」の精神で、個売りからこだわりの食材供給まで広い視野でのサポートを心掛け、実践しています。

社会の役に立ち、喜んでもらえるために、何ができるかを考えています。私たちは消費者に新鮮な野菜を届ける架け橋を担っています。自信を持って商品を送り出す農家の人たちの思いをくんで、その良さを消費者や取引先に伝えたい。

地元生産、地元消費の理念を大切にしている。地元農家と強いつながりを願っているという。地場各地で農家を経営する生産者が育てた新鮮野菜で、地元地域の人たちに元気を届けるのが基本。そのために、より良い販売方法の開拓も進めている。地域の活性化を目指し、賛同してもらえる農家や契約栽培を希望する人たちを募集している。

将来的には、商品の単なる流通だけでなく、惣菜加工などの分野への挑戦も考えている。野菜の素晴らしさを理解してもらうため、料理法の提案や食育にも力を入れる方針である。

◆──「空回り」を経て行きついた結集の力

「起こることはすべて必然」。そこには必ず原因がある。不都合なことが生じても、それを人のせいにしてはいけません。むしろ自分の方にあることも心得ておくべきでしょう。自分自身、これまで人との出会いはラッキーの連続でした。

取材をしながら、思ったことがある。「会社は一つの大家族」といううたい文句は、少し古臭いのではないかと。会社と家族の「混合」によって、今の働き方改革に逆行するのではないかと思ったからだ。

どうやら杞憂だった。会社は社員に「家族」を押し付けることで、無理をいう訳でなく、仕事面に関しては企業としての働きやすさを追求した上で、女性社長と社員が、いい意味での母と子の関係だったと感じたからだ。

だが、社長就任時からしばらくの間は、社長の言葉を借りれば、ずいぶん「空回り」をしていた。「家族のような……」という言葉は、双方がどう受け取るかが大切。経営者側からの一方通行ではうまくいかない。双方向がうまくいくことではじめて、社員の力を結集することが可能である。

社員からのメッセージ

田中 健一 さん

「つらい」より、「やりがい」を感じる仕事

荷物の仕分けや注文を担当しています。28歳のときに、「食」、とくに野菜に興味があって、再就職で「古昌」に来ました。以前、食品関係の仕事をしていたとき、冷凍物、乾物、調味料などに少し関わっていました。だから次は、野菜に関わりたいと思っていました。また、社長さんのお話を聞いたとき、家族的な雰囲気で楽しく働けそうと感じたのも、ここに決めた動機の一つです。

実際、みんなでマツダスタジアムにカープ観戦に行ったり、ビアガーデンにも出かけたりしています。本当に和気あいあいです。確かに、早朝の出勤はつらいこともあります。起きるのがしんどいこともあります。でも、それ以上にやりがいも感じています。「今付き合っている彼女と早く結婚しなさい」と社長さんからは言われているんですよ。おせっかいとは思うけれど、自分たちのことを本当に親身に考えてくれているのだなと思います。

問題点は改善点でもある。問題をしっかりと受け止めて、会社内で一つずつ解決することで、会社は少しずつ変わっていきます。今一番うれしいことは、社員一人ひとりの志の高さと素直さです。みんなが「よい会社にしたい」と思ってくれています。

社員の皆さん

今、景気も回復し、求人は売り手市場である。人材を確保するのもたやすくはない。そうした中、社長が入社を目指す「若者」に対して、次のようなメッセージを送った。

家族的な雰囲気づくりを心がけています。食に関心のある人は年齢を問いませんので、私たちと一緒に働きませんか？　確かな目利きで商品を選び、新鮮な野菜を届けている我が社の一員になりませんか？

古昌の歴史

1935年	広島市西区横川3丁目で初代古本みさき氏が青果店を個人創業。
1946年	原爆投下で中止していた青果物卸業と食品販売業を再開。
1949年	広島市加古町中央卸売市場の開設と同時に仲卸業者として入場。2代目古本昌幸氏が代表取締役に就任。
1954年	株式会社古昌商店に変更。
1975年	3代目古本幸子氏が代表取締役に就任。
1981年	中央卸売市場の移転に伴い現住所に移転。
2005年	創業70周年、広島商工会議所から表彰を受ける。4代目古本由美氏が代表取締役に就任。
2011年	株式会社古昌に名称変更。
2012年	広島市男女共同参画推進事業所の表彰。
2013年	日本赤十字社、金色友功章の表彰。
2015年	創業80周年を迎える。

会社概要

株式会社古昌

本社所在地	〒733-0832　広島市西区草津港1-8-1
TEL	082-279-2166
HP	https://www.furusyo.co.jp/
設立	1935年
資本金	1,000万円
代表者	代表取締役　古本由美
従業員数	15人
主な事業内容	青果の卸売

丸栄

カキ殻飼料・カキ殻肥料製造販売

立木《たちき》 陽子《ようこ》

代表取締役社長

広島のカキ産業を盛り上げ、循環型商品で社会に貢献したい。

社　是

熱意と努力でよく生きる

海に生かされて…

命の源である海は、海に生きる植物を生み、光合成により何億年もかけて大気をつくり、地上に生物が住める基礎をつくったそうです。人が地上に誕生し、いくつかの文明が生まれては消え、また生まれてきました。移り行く歴史を海はずっと見ていたのでしょう。科学が進歩し、万能となるかに見えた今日でさえ、自然の恵みにまさるものはないようです。

私どもの製品も自然の恵み、海の恵みから生まれ、地上の命へと還元されていきます。この、何にもかえがたい自然の流れの中で業を営めることに、私ども丸栄は大きな喜びを感じております。そして、海に、自然に感謝せずにはいられません。私たちの使命は、この海の営みを、できる限り最良の形で他の命に還元することだと考えています。

カキ殻

profile **立木 陽子**

1955（昭和30）年呉市生まれ。宮原高校、広島女学院大学卒業。会社勤務を経て、1982（昭和57）年に2代目社長の立木茂氏と結婚、同時に同社入社。2002（平成14）年、創業者の立木穰氏と2代目の茂氏が相次いで逝去し、社長に就任した。その後、貝適工場新設、カキ殻壁材製造販売開始など新規事業を手がけている。

カキ殻壁材の「貝適空間」を販売

カキの養殖が盛んで、全国一位の水揚げ額を誇る広島県。丸栄はそのカキ殻を使った飼料と肥料を取り扱う会社である。

カキ殻飼料の特徴は、カルシウム吸収率が高く、成分が安定、さらには比重が小さいのでエサとの混ざりが良い点があげられる。

カキ殻肥料は、有機の要素を持った石灰として土にも環境にもやさしい。さらには多孔質のカルシウムは作物に吸収されやすく、細胞形成に効果がある。

丸栄は2019年3月、このカキ殻飼料・肥料以外に、新しい商品の開発、販売を始めた。名づけて「貝適空間」。誰にでも簡単に壁に塗ることができるというコンセプトのカキ殻壁材である。今まで自宅などの壁を塗るときには、左官や熟練の技が必要だった。この「貝適空間」は、美しい白壁（漆喰）

漆喰壁

の伝統材であるカキ殻を、安心材料で塗りやすくした商品である。

これまで私たちの商品は、限られた分野の人達向けのものでした。カキ殻を誰にでも身近に使える商品にと考え、ローラー塗り用とコテ塗り用の壁材をつくりました。今はDIYのブームなので、より多くの人に知って使っていただきたい。

貝適空間

商品名「貝適空間」は、営業会議で全員一致で決定した。一度見たり聞いたりしたときに記憶に残る名前にしようと思った。

原料はカキ殻粉末に、樹脂、天然鉱石、植物繊維などを加えている。特に、自然の原料をできるだけ多くしようと、カキ殻の比率を高める工夫を重ねた。

販売元は住宅会社がメインだが、ホームセンター・インターネットなどでも取り扱っている。真っ白ではないオフホワイトの色が醸し出す質感が好評である。

◆—— 裁断した折り鶴入りの商品も

実はこの「貝適空間」には特別バージョンがある。折り鶴入りのコテ塗り用の商品である。平和記念公園内の「原爆の子の像」には多くの折り鶴が飾られている。その再利用について、広島市も頭を悩ましている。名刺の材料として使うなど取り組みはさまざまである。

そこで丸栄では、カキ殻と折り鶴を材料とした壁材「貝適空間 Hiroshima 折り鶴」を商品化した。増改築の内外装壁用として提案を始めた。全世界から平和公園にささげられた折り鶴を広島市から提供を受け、壁材を製造。ホームセンター・インターネットなどで販売している。
カキ殻を粉末にし、折り鶴を紙吹雪状にして練り合わせた。カキ殻のソフトな白色と、折り鶴のカラフルな色合いを壁に再現できるという。石こうボードや壁紙、コンクリートに直接塗布できる。化学物質のホルムアルデヒドも吸着する。折り紙の色が適度に散らばり、その色合いが人気となっている。

実は再利用とは言わないのですよ。折り鶴に託した思いを昇華させる意味も込めて、「昇華プロジェクト」と呼んでいます。子ども部屋の壁に塗ったりされています。通販でも販売し、趣旨に賛同した人たちからの注文もあり、人気商品です。

◆創業者、先代が相次いで死去

3代目の立木陽子さんは、2002年に社長に就任。すでに17年が経過した。社長就任前、事業は順調に拡大していたが、突然の不幸が会社を襲った。創業者である義父の立木穣氏と2代目社長で夫の茂氏が、2か月の間に相次いで亡くなったのである。本当に急な「登板」だった。

実は、茂氏は急性骨髄性白血病を発症し、2年余り入退院を繰り返しながら仕事に精を出していた。一方、義父の穣氏は肺がんを患った。「息子の命がそんなに長くない」と知ったショックは大きかったのだろう。

二人を亡くしたバタバタの中、「陽子さん、あなた社長をやりなさいよ」との義母の言葉に決心を固めた。自信はもちろんなかった。当初は経営のイロハも知らなかった。


夫と父が亡くなっても、工場はいつものように稼働している。トラブルにもきちんと対応している。本社でも注文を取って営業を続けている。何も変わりがない。社員のためにも、丸栄の商品を使ってくださっているお客さまのためにも、もう私がやるしかない。

一から勉強、社内の改革に着手

社長になった陽子さんがまず行ったのは、役職をつけることだった。それまでは会長と社長しかなかった。社員の帰属意識を高め、会社としての体制を整えるために「部長」「課長」「工場長」などを設けた。

いつでも工場に行くことができるように、夜間の教習所に通って、自動車の運転免許を取得した。社長就任前は事務や営業をしていたが、工場のことはよく知らなかった。

工場のことも一から勉強した。現場の社員と意見を交わしながら、製造プラントの工程の見直しも図った。

引き継ぎも心構えもないままの転身でした。それだけに、何もかもが初めてだったけれど、大変と思ったことはありませんね。むしろ楽しいと思えました。つらいとか面倒だと感じたこともなかったですね。

このような前向きな思考になったのは亡き夫（前社長）と出会ってからだという。「少し変わった人」が第一印象で、「この人さえ分かってくれれば、ほかの人から何を言われても平気」と思えるようになった。その意味では、立木社長に自

信と安心をくれた人生最高のパートナーだった。

◆──「広島のカキ産業を盛り上げたい」思い

少し時代をさかのぼろう。立木社長が、結婚したのは1982(昭和57)年。すぐに電話営業も任された。養鶏場に電話をかけて注文を取る仕事だった。営業経験もなく先輩の仕方を見よう、見まねで行った。

当初は夫の会社の仕事を手伝うなんて、考えてもいなかった。商売家に嫁ぐという自覚と覚悟が全くなかったんです。

当時は小規模なものも含めると、養鶏場は全国に15万戸以上もあった。とにかくがむしゃらに電話かけていくうちに、何となく要領がつかめ、やりがいも覚えるようになった。

そして、創業40年周年の1992(平成4)年、穣氏が会長に退いて、夫の茂氏が社長に就任した。夫は穏やかで、対話をしながら仕事を進めていくタイプだった。

義父も夫も自分たちの会社のことだけでなく、広島のカキ産業全体のことを考えていました。広島のカキ産業を盛り上げるにはどうしたらいいか、それが最優先だったと思います。

ホタテの貝殻加工用に新工場を建設

1996（平成8）年、船越工場を建設した。カキ養殖に欠かせないホタテの貝殻を加工するための工場である。カキの養殖は海中でカキの幼生を採取することから始まる。中央に穴をあけたホタテの殻を重ねて針金を通し、それをいかだにつるして海中に垂らす。そこにカキの幼生を付着させる。

船越工場では、北海道から船で運び込んだホタテの殻を加工し、広島のカキ養殖業者に卸している。カキ養殖の最初から関わることで、広島のカキの安定供給に寄与したい、というのが先代の考えだった。

丸栄がカキ殻を資源としたビジネスをしている以上、カキ業者と手を携えて一緒に発展していく必要があります。その思いは、

――ずっと丸栄に息づいています。――

この船越工場では2019（令和元）年12月から、現在のシリンダー式穴あけ機械からロボットで並べてレーザーによる穴あけの機械に順次、更新する予定である。

1949年に精米・製粉所として創業

丸栄の前身は、1949（昭和24）年に、立木社長の義父である穣氏が兄たちと始めた精米・製粉所である。立木家は元々、岐阜県で製糸工場を営んでいたが縁があって、親子8人で広島にやってきた。精米の際に出る米ぬかなどを混ぜたニワトリの配合飼料をつくる丸栄商店を立ち上げた。

穣氏は広島県からカキ殻の処理について相談を持ちかけられた。かつては養殖業者がトラックでカキ殻を踏み潰し、養鶏場に分けるなどしていた。だが処理ができなくなり、道路脇に野積みされ、悪臭を放つなど公害問題になっていた。

義母から聞いたのですが、義父は本当に男気のある人だったようで、カキ殻工場の立ちあげを「やりましょう」とひとつ返事でひきうけたそうです。

こうして1952（昭和27）年、丸栄㈱が誕生した。その後、日本で初めてカキ殻を加工・再利用する工場として海田工場をつくった。カキ殻を粉砕して乾燥させる機械のラインを一から考えた。

全く異分野からの挑戦でしたが……。失敗を恐れないタイプ。まわりが失敗すると言っても、まずはやってみるという考えの人でした。

カキ殻加工のポイントはいかに、水分を乾燥させるかである。丸栄では独自の乾燥機を開発し、その後改良を重ねてきた。この結果、高品質なカキ殻飼料の製品が安定的に供給できるようになった。

製造プラントは、常にスクラップアンドビルドの繰り返しという。製品の質の向上から職場環境の改善まで、前向きに取り組んでいる。

1967（昭和42）年、カキ殻を利用した肥料の製造販売を始めた。それまではニワトリの飼料用のカキ殻を主に取り扱っていた。その飼料をつくる過程で細かい粉が派生するのが悩みだった。

大学の専門家たちと一緒に研究を重ね、カキ殻の炭酸カルシウムが酸性土壌を中和する効果に加えて、特長として土壌が柔らかくなり根張りがよく、含んでいるミネラル分が作物の質を大きく高めることが実証された。現在、「サンライム」という商品として農業関係者を中心に親しまれている。

◆「熱意と努力」が原点だった

経営理念を浸透させることの重要性も学んだ。母に聞いたところ「理念ねぇ、何だろう。お父さんはいつも、熱意と努力があれば何でもできるって言ってたけど」との返事だった。

何事にも、熱意と努力で一生懸命に自分の人生を生きる。「熱意と努力でよく生きる」がぴたりとはまった。

社員からのメッセージ

立木 仁さん

自分の提案や開発が形となることも多く、やりがいも大きい

営業部課長として、新商品である誰でも簡単に美しく塗ることができるカキ殻壁材「貝適空間」の販売に尽力しています。まだ、商品化されてあまり経っていませんが、幸せなことに好評を博しています。3歳上の兄(長男)が取締役次長をしており、その兄の誘いもあって、丸栄に入社しました。大学時代は、広告会社で働きたいと思っていましたが、丸栄でも同様の仕事が可能と思い入社しました。大企業ではなかなか自分の提案が通ることは難しいと思いますが、丸栄では自分たちの提案や開発が、そのまま形となって表れることも多く、その分やりがいも大きいと思います。

生活を営む上で「食」に関することは一番大切なことではないでしょうか。とりわけ、「牡蠣といえば広島」。切っても切り離されない地場産業です。その地場産業を下支えする企業でありたいと思っています。

志半ばで逝ってしまった義父と夫の存在を忘れてはならない。「きっとまだやりたいと思っていたことが多かっただろう。生きている私達は熱意と努力でどんな事でもできるはずだ」と思った。

現在、２人の息子は、協力しながら社内で働いている。多くの社員は、２人が

小さいころからよく知っている。社員の協力を得ながら、息子たちとも協力しながら、新しい丸栄を築いていきたい。

カキ殻の神秘、海からの贈り物

ところで、カキ殻は、とても神秘な構造をしている。一見パイ生地のように何層にも重なっているように見えるが、詳しく調べるとレンガ積みの建物のような構造である。

レンガ積みの建物は、規則正しく積み重ねられたレンガと、それをつなぐ目地でできているが、カキ殻もこれとまったく同じ構造だ。

牡蠣は、カルシウムをタンパク質と結合して炭酸カルシウムの小さなレンガをつくる。そして、そのレンガをつなぐ目地の役割をするのが、各種アミ

製造プラントで作業する次長(左)と製造部長

ノ酸を含んだコンキオリンと呼ばれる硬タンパク質。牡蠣が成長する過程で、たくさんの海のミネラルを抱き込んで殻が形成される。

この構造こそが作物のスムーズな養分吸収を可能にする秘密である。これらは石灰岩や貝化石ではマネができない。

私たちは、このカキ殻を最良の姿に加工し、「生きたカルシウム」としてお届けしています。

丸栄の製造プラントでは、「カキ殻の収集」から「海中保管」「陸揚げ」から始まって「原料クラッシュ」「手選別による雑物除去」「品

製造プラント

質検査」など16の工程がある。独自の機械を開発するなどしてコストダウンや、徹底した品質管理に情熱を傾けている。

カキ殻の循環型事業に邁進

「熱意と努力でよく生きる」。この理念を力に、カキ殻とホタテ貝殻の循環型事業に邁進することが、目標である。

２０００（平成12）年に施行された「循環型社会形成基本法」。企業にとって、循環型社会に向けた取り組みの重要性は高まるばかりである。限りある天然資源を有効に利用し、持続可能な形で循環させることが求められている。

カキ殻は究極の循環型資源ではないでしょうか。循環型の資源活用のモデルになるような企業を目指しています。

丸栄にとって、新たな挑戦は数多い。カキ殻の肥料となる粉を別の用途に使用できないかと研究して生まれたのが、不燃性の路面吸着材「カキケス」である。

ほかにも学校などで使っている白線用の粉末「シェルライン」。また、カキ殻のやさしい白色は、舞台美術でも重用され、歌舞伎座、国立劇場の舞台絵等に使われたり、人形や日本画の顔料などにも、カキ殻の用途は広がっている。

◆時代のニーズに合わせた商品開発

カキ殻より抽出したカルシウムを含むカルシウムイオン水。液体化したカキ殻肥料「カキパック」は高温に強く、病気にも強く、さらに作物の栄養になるカキ殻液肥として、年々、販売実績をあげている。

猛暑・酷暑になると、野菜や果樹などの水分は奪われる。水分がなくなると、組織が破壊され、シワシワ、ボロボロになる。後から水分補給しても元に戻ることはない。そこで、この「カキパック」を散布すると、過剰な蒸発を抑えてストレス軽減になるというわけだ。

また、これまで野菜を中心にしていたカキ殻肥料を、お米の栽培への適用も始めている。

社員の皆さんと

「広島のカキ産業とともに発展する」というのは歴代の社長の志でした。彼らの意志を受け継ぎながら、時代のニーズに合わせた製品を生み出すことで社会に貢献していきたい。

さらに、最近では、カキ殻肥料の海外への進出にも力を入れている。2018（平成30）年からスタートさせ、台湾、ベトナム、中国と市場拡大を図っている。

広島の地場産業を盛り上げたいという先代、先々代の思いは確実に、立木社長に引き継がれ、その市場は国内から海外にまで広がりを見せている。立木社長は、その中心で社員と頑張っている。

丸栄の歴史

1949年	丸栄商店を個人で創業。
1952年	丸栄株式会社を設立、立木穣氏が代表取締役に就任。
1957年	海田工場設立、カキ殻飼料製造販売開始。
1967年	カキ殻肥料製造販売開始。特殊肥料として登録。
1973年	本社新社屋完成。
1975年	カキ殻肥料が特殊肥料から普通肥料の副産石灰肥料へ承認。
1983年	オフィスコンピューター導入。
1992年	立木穣氏が取締役会長に就任、立木茂氏が代表取締役社長に就任。
1996年	船越工場設立。
2002年	立木哲子氏が取締役会長に就任、立木陽子氏が代表取締役社長に就任、本社社屋リニューアル。
2017年	貝適工場新設。
2019年	カキ殻壁材製造販売開始。 船越工場、ロボット、レーザー穴あけ機械導入。

会社概要

丸栄株式会社

本社所在地	〒730-0805　広島市中区十日市町1-4-31
TEL	082-292-4111
HP	http://www.hiroshima-maruei.com/company/
設立	1952年11月3日
資本金	1,000万円
代表者	代表取締役社長　立木陽子
従業員数	70人
主な事業内容	カキ殻飼料・カキ殻肥料製造販売、海上土木事業、牡蠣養殖資材製造販売、建築用塗材・塗料原料製造販売

取材を終えて

「社員」を大切にしてこそ、成し得る社会貢献

これまで、いろいろな取材を通じて会社のトップに話を聞いてきた。その人数は200人を下らない。今回、お話を聞いたトップの方々は、一人の例外もなく「社員」を大切にしていた。地域や社会への貢献には、一番身近な存在である社員の満足度を高めてこそ、その目的は達成される。「社員」をないがしろにした会社の発展はありえないと感じた。

会社の大小は問わず、トップの人はある意味「孤独」である。とりわけ、会社がうまくいかなくなったときこそ、最終的な決断は、トップが責任を持って実行に移さなくてはならない。その覚悟がないと、「すごい社長」には絶対なれない。もう一つ実感したのが、異業種交流の大切さである。同業他社を参考にすることは当然だが、全く違った分野の経営がヒントになった、との声を聞いた。言葉を変えれば、社外へのアンテナを全方位に張っておく重要性である。

取材で出会った「すごい社長」さんの声に耳を傾けてもらえれば、若手であろうと、中堅、ベテランであろうと、何がしかのヒントになると自負している。

井川　樹

開け放つことのできる胆力

社長に必須の資質とは何か、1つだけあげるなら——。以前、銀行の首脳陣に聞いたことがある。しばしの沈黙の後、「情報公開」と頭取が答えた。いかにも金融機関らしい、型どおりの回答だなと思っていると、「株主や取引先はもとより、顧客や従業員などのステークホルダーに隠し事なく、透明性を保って経営を続けていくということは、山にも谷にも動じぬ胆力を要する。そういう力を持つ人のもとに、ヒトモノカネ、そして情報が集まってくる」と結んだ。

今回、話を聞いた社長は、みな個性は違えども、いずれも〈胆力〉を備えた人たちだ。中に、「これまでメディアの取材は一切受けてない」という社長がいた。理由を問うと、「(恰好)エエことばっかり書くじゃろ。だからあんまり好きになれん。本当は悪いこともようけあるハズよ」という。

光を当てれば、そこには影ができる。光が強ければ強いほど、影はより一層、濃さを増す。影となって隠れてしまう部分まで伝えることに、どれだけ腐心できているだろうか。自問自答が続く。

入江 太日利

●取材・執筆

井川　樹（いがわ いつき）

ライター。教育、医療、文化、地域問題、スポーツなどのテーマで取材・執筆を手がける。主な単著に『男たちの修道』『ひろしま本通物語』『カープファンは日本一！』（いずれも南々社）などがある。このほか『迷ったときの医者選び　広島』などのメインライター。

入江 太日利（いりえ たかとし）

1970年生まれ。北九州市出身。建設業界新聞や経済情報誌の記者を経てフリーに。国立大農学部出身というライターとしては異色の経歴ながら、年間50件を超す企業取材をはじめ、医療や教育、建築、福祉など幅広いテーマに取り組んでいる。

●装　　幀／スタジオギブ

●本文DTP／角屋克博　大原 剛

編集委員

山下　江（やましたこう）

弁護士法人山下江法律事務所代表・弁護士。NPO 法人広島経済活性化推進倶楽部（KKC）理事長。著書に『相続・遺言のポイント 50』『改訂版　相続・遺言のポイント 55』（いずれも南々社）。

松原 淳一（まつばら じゅんいち）

広島文教大学教授（グローバルコミュニケーション学科）。元日本銀行福井事務所長。著書に『広島の経済』（南々社）、『福井の経済』『マネー経済学』（いずれも晃洋書房）。

川村 健一（かわむら けんいち）

広島経済大学名誉教授。まちづくり、環境、マルチメディア、新素材など、多岐にわたる分野に携わる。著書に『サスティナブル　コミュニティ』（共著、学芸出版社）ほか。

ひろしまのすごい社長たち

2019 年 12 月 16 日　初版第 1 刷発行

編　著　南々社編集部
発行者　西元 俊典
発行所　有限会社 南々社
〒 732-0048 広島市東区山根町 27-2
TEL 082-261-8243　FAX 082-261-8647

印刷製本所　大日本印刷株式会社

ISBN978-4-86489-108-0